PRÉFECTURE DU DÉPARTEMENT DE LA SEINE

ADMINISTRATION DE LA VILLE DE PARIS

DIRECTION DES EAUX ET DES ÉGOUTS

RECUEIL DES RÈGLEMENTS

SUR

LES EAUX DE PARIS

PARIS

GAUTHIER-VILLARS, IMPRIMEUR-LIBRAIRE

DU BUREAU DES LONGITUDES, DE L'ÉCOLE POLYTECHNIQUE

SUCCESSEUR DE MALLET-BACHELIER

Quai des Augustins, 55

1875

RECUEIL DES RÈGLEMENTS

SUR

LES EAUX DE PARIS

F

PRÉFECTURE DU DÉPARTEMENT DE LA SEINE

ADMINISTRATION DE LA VILLE DE PARIS

DIRECTION DES EAUX ET DES ÉGOUTS

RECUEIL DES RÈGLEMENTS

SUR

LES EAUX DE PARIS

PARIS

GAUTHIER-VILLARS, IMPRIMEUR-LIBRAIRE

DU BUREAU DES LONGITUDES, DE L'ÉCOLE POLYTECHNIQUE

SUCCESSEUR DE MALLET-BACHELIER

Quai des Augustins, 55

—

1875

NOTE PRÉLIMINAIRE

État et régime des anciennes eaux.

A Paris, le service des Eaux a été de tout temps l'objet des soins et de la vigilance tant du pouvoir souverain que de l'administration municipale. Les témoignages de cette sollicitude apparaissent non-seulement dans les antiques aqueducs de Belleville et d'Arcueil, mais encore dans les règlements protecteurs qui se retrouvent parmi les Ordonnances des rois de France et dans les Registres de la Ville, conservés aux Archives nationales.

Les actes de l'autorité souveraine assimilèrent au domaine public tous les ouvrages dépendant du service des Eaux et les placèrent sous le régime de la grande voirie. « Attendu, disaient les Lettres patentes de Henri IV du 15 octobre 1601, qu'il s'agit d'un bien préférable à l'intérêt d'un particulier, » les contestations relatives aux fontaines et aqueducs de Paris étaient réservées au roi en son conseil.

Ces Lettres et avec elles les arrêts du Conseil d'Etat du roi, ainsi que les Ordonnances du bureau de la Ville, ont été implicitement reconnus par la loi du 19-22 juillet 1791 (art. 29, § 2), qui a confirmé les règlements relatifs à la grande voirie.

Il résulte de ces actes que les eaux recueillies et amenées pour être affectées au service public sont, par leur nature et leur destination, distinctes des cours d'eau privés, qui, coulant sur le sol, participant de la nature foncière, relèvent de la juridiction civile ordinaire ; et dès lors les Eaux publiques ressortissent à la juridiction administrative.

Malgré le caractère législatif propre aux actes sus-mentionnés, cette réglementation a été contestée. Pour la bien faire connaître et en assurer l'application, les principaux documents qui s'y rapportent ont été publiés, en exécution d'un arrêté du préfet de la Seine en date du 25 juin 1851. Le présent recueil est une nouvelle édition de la collection primitive, refondue et augmentée de la jurisprudence du Conseil d'Etat et de la Cour de cassation.

Pour l'intelligence de ces documents envisagés au seul point de vue administratif et juridique, il n'est pas nécessaire de présenter un exposé historique et technique des anciennes Eaux de Paris. Ces détails seraient trop longs et hors de propos. On pourra, s'il est besoin et selon les cas, se reporter aux divers ouvrages sur l'histoire de Paris, au *Traité de la police* du commissaire de La Marre (tome Ier), et plus spécialement aux *Recherches sur les eaux publiques de Paris,* par Girard, ancien ingénieur en chef du service municipal (tome II); ou bien aux rapports de M. l'inspecteur général Belgrand, directeur des eaux et des égouts, sur les nouvelles dérivations de la Dhuys et de la Vanne, et encore aux mémoires de M. le préfet de la Seine Haussmann au Conseil municipal de Paris.

1

Il suffit, comme introduction à ce recueil, de rappeler que jusqu'à la fin du XVIIIᵉ siècle on distinguait dans le service hydraulique de Paris les Eaux du Roi et les Eaux de la Ville. De là l'origine particulière de chaque règlement, selon qu'il s'agit des unes ou des autres.

État et régime actuels.

Cette distinction a été effacée d'abord par les événements de la Révolution, puis définitivement par l'arrêté des Consuls du 6 prairial an XI et par le décret impérial du 4 septembre 1807, qui ont cédé les Eaux du Roi en toute propriété à la Ville de Paris et réuni toutes les Eaux en une seule administration.

D'après ces décisions, cette administration est confiée au préfet de la Seine, sous l'autorité du ministre de l'intérieur; tous les travaux et la comptabilité du service sont soumis aux formes usitées pour les travaux des ponts et chaussées; enfin, toutes les dépenses sont à la charge de la Ville. Par voie de conséquence, la gestion du préfet de la Seine s'étend à la conservation des Eaux, à la direction et à la confection des ouvrages en dépendant. Enfin, comme avant 1789, toutes les contestations relatives, soit à la propriété, soit à l'usage des Eaux, demeurent du ressort de la juridiction contentieuse administrative.

Anciens établissements hydrauliques.

Un mot sur les anciens établissements hydrauliques permettra d'apprécier l'intérêt des règlements spéciaux qui les sauvegardaient, et fera ressortir l'importance majeure que ces règlements revêtent désormais pour la conservation des nouveaux ouvrages bien plus considérables, créés durant le XIXᵉ siècle, tels que le canal de l'Ourcq, les aqueducs de la Dhuys et de la Vanne, ainsi que les machines, les réservoirs et les autres appareils du service dont le tableau est ci-annexé.

Les Eaux du Roi comprenaient les sources du Midi, amenées par l'aqueduc d'Arcueil; la pompe du Pont-Neuf, dite la Samaritaine, construite de 1606 à 1608 pour alimenter les châteaux du Louvre et des Tuileries, et supprimée en 1812; enfin les pompes à vapeur de Chaillot et du Gros-Caillou.

Les Eaux de la Ville se composaient de l'aqueduc de Belleville et des conduites des Prés-Saint-Gervais et de Romainville, formant le groupe des sources du Nord; puis des pompes du pont Notre-Dame, créées en 1670 et 1671, transformées ou restaurées à diverses reprises durant le XVIIIᵉ siècle, et supprimées en 1854.

Quelques détails sur les ouvrages primitifs qui sont encore en service justifieront le maintien des anciens règlements à l'égard des établissements hydrauliques en général.

Eaux du Roi.
Aqueduc d'Arcueil.

L'aqueduc d'Arcueil est le collecteur des sources du Midi, captées sur plusieurs points des collines de Rungis, de L'Hay, de Cachan et d'Arcueil. On a trouvé à diverses époques et récemment, lors des travaux de la dérivation de la Vanne, les vestiges et presque le tracé de l'aqueduc romain qui avait amené ces sources au palais des Thermes et dont on attribue la construction à l'empereur Julien. A Arcueil, il ne reste de l'antique pont-aqueduc qui franchissait la vallée de la Bièvre qu'une maçonnerie de 3 mètres d'épaisseur sur 20 mètres environ de longueur, formant soubassement. Cette maçonnerie est presque entièrement masquée aujourd'hui par des placages décoratifs (arc sculpté, pilastres, etc.), provenant de l'ancien château des ducs de Guise.

Le rétablissement de cet ouvrage, désiré par Henri IV, étudié par les soins de Sully, fut entrepris par la régente Marie de Médicis et achevé sous Louis XIV. On commença au compte du trésor royal les nouvelles pierrées et l'aqueduc actuel, qui se continuèrent aux frais du roi, de la Ville et des entrepreneurs, sous l'autorité des trésoriers de France (lettres patentes du 7 décembre 1612). Le volume d'eau recueilli à la suite des travaux de Jehan Coing (traité du 27 octobre 1612) fut divisé entre les parties prenantes (1623-1624). Une répartition analogue eut lieu pour le produit de nouvelles recherches opérées de 1651 à 1656 (traité Bocquet du 15 septembre 1651).

L'aqueduc aboutissait à un unique château d'eau près de l'Observatoire. De là, une conduite commune pour tous les intéressés allait à divers regards de distribution sur la rive gauche, puis sur la rive droite à la fontaine de la Croix-du-Trahoir, à l'angle des rues de l'Arbre-Sec et Saint-Honoré, où s'effectuait le partage définitif. Ces aqueducs, conduites et regards, étaient sous la main de l'intendant général des Eaux et Fontaines de France ; les Eaux de la Ville qui y coulaient participaient ainsi, de fait comme de droit, aux immunités des Eaux du Roi.

Les ouvrages à préserver aujourd'hui sont les nombreuses pierrées initiales et la galerie maçonnée de l'aqueduc, ayant un développement d'environ 7 kilomètres à travers des terrains privés. Le droit de passage peut être appliqué sur une zone de 30 toises ou 60 mètres, suivant les arrêts du Conseil des 9 mars 1633, 22 juillet 1669 et 4 juillet 1777. Dans la pratique, cette servitude ne s'exerce que sur une largeur de 10 mètres de chaque côté de l'ouvrage, conformément aux décrets impériaux des 22 mars et 4 juillet 1813 sur l'exploitation des carrières. De plus, les constructions sont tolérées dans cette zone, à la condition par les propriétaires de reconnaître le droit de la Ville par acte authentique passé devant le préfet, et d'acquitter chaque année, en témoignage constant de cette reconnaissance, une redevance d'un franc à la caisse municipale. La servitude est perpétuelle et gratuite au profit de l'administration.

Pompes à vapeur.

La création des premières pompes à vapeur pour la distribution de l'eau de la Seine dans Paris est due aux frères Périer, mécaniciens, promoteurs d'une entreprise agréée d'abord par le bureau de la Ville le 25 octobre 1776, puis autorisée par le roi, suivant lettres patentes du 7 février 1777. L'œuvre fut, comme celle de l'aqueduc d'Arcueil, soumise, par arrêt du Conseil du 6 octobre 1778, à la surveillance et à la juridiction du bureau des finances de la généralité de Paris. MM. Périer formèrent une compagnie par actions, qui érigea deux machines à feu à Chaillot, puis une autre au Gros-Caillou, et en prépara une troisième à la Gare. L'eau commença à être distribuée en 1782, moyennant redevance, au public et aux porteurs d'eau par le moyen des fontaines marchandes, aux particuliers abonnés par des prises d'eau directes sur les conduites. L'opération était privilégiée pour quinze ans à compter de la mise en service des machines, sans préjudicier à l'exécution de tous autres projets.

Le revenu annuel de l'entreprise ne donna pas, eu égard aux capitaux engagés (6,120,000 livres en 5,100 actions de 1,200 livres), un intérêt rémunérateur ; d'autre part. de 1784 à 1788, la spéculation exagéra, puis déprécia la valeur des actions (1). Force fut de recourir au trésor royal, auquel furent remis les quatre cinquièmes des titres en nantissement des prêts. En 1789, la situation était telle que, pour sauvegarder ses droits et assurer le service public, l'Etat dut s'emparer de l'entreprise et en réunir l'administration à celle des Eaux du Roi. C'est ainsi que les pompes à feu ont été enveloppées dans la cession de ces dernières Eaux à la Ville. On a par ces détails la clef de l'origine du débat entre l'Etat et la Ville au sujet de cette cession et des conditions du contrat (voir l'arrêté de l'an XI et le décret interprétatif du 24 juin 1858).

La Ville continue d'exploiter la pompe de Chaillot, qu'elle a complétement transformée. Elle a construit l'usine à vapeur dite d'Austerlitz sur le terrain préparé dès 1787 pour la pompe de la Gare. Quant à la pompe du Gros-Caillou, elle a été cédée à la manufacture des tabacs du quai d'Orsay.

Eaux de la Ville.

Sources du Nord, à Belleville, etc.

Les coteaux situés au nord-est de Paris recélaient jadis de nombreuses petites sources, qui furent dérivées du vie au xie siècle, celles des Prés-Saint-Gervais et de Romainville ar les moines de Saint-Laurent, celles de Belleville et de Ménilmontant par l'abbaye Saint-Martin-des-Champs, probablement en participation avec les Templiers, en vertu des droits seigneuriaux que ces diverses communautés possédaient sur les territoires compris dans leurs fiefs. Soit par l'effet d'un protectorat, soit à la suite d'une convention dont la trace est perdue, Philippe-Auguste se substitua aux religieux et fit arriver le produit de ces sources dans l'intérieur de Paris, jusqu'aux halles.

Plus tard, les aqueducs et conduites, sans doute fort négligés à raison des troubles civils et de la guerre étrangère sous Charles VI et Charles VII, furent abandonnés à la Ville, à charge d'entretien. Les prévôts des marchands et échevins apportèrent tous leurs soins à ces ouvrages, les seuls qui, en dehors de la rivière, fournissaient l'eau nécessaire aux besoins des habitants. Ils firent rétablir en 1457 l'aqueduc de Belleville avec ses nombreux regards, qui étaient, pour l'époque, de véritables monuments. La surveillance des travaux fut confiée à un architecte, maître des œuvres et garde des fontaines de la Ville. Une visite solennelle en était faite par le bureau de la Ville en septembre de chaque année; enfin, de fréquentes et sévères ordonnances, prises surtout dans le xviie siècle, garantirent les travaux contre toute atteinte.

(1) Voir les mémoires publiés alors par Mirabeau, adversaire déclaré des pompes à feu en général, et par Beaumarchais, défenseur non moins ardent de la Compagnie Périer, qui le comptait au nombre de ses administrateurs.

Ces mémoires, très-curieux pour l'histoire de l'agiotage vers la fin du xviiie siècle, ne le sont pas moins pour l'histoire des Eaux de Paris. Les discussions passionnées de chaque écrivain nous montrent, luttant, alors comme aujourd'hui encore, l'un contre l'autre, les deux systèmes de distribution d'eau, les machines et les dérivations de sources ou de rivières. Dès 1785, Mirabeau établissait la supériorité des secondes sur les premières. Préconisant le projet du canal de l'Yvette, présenté par de Parcieux, en 1762, il disait (1er Mémoire, Londres, p. 36), que « ce plan avait l'avantage d'aller de lui-même et de faire couler pendant des siècles une quantité d'eau considérable aux points les plus élevés de ce somptueux Paris. » Le xixe siècle, s'inspirant des arguments de cet esprit clairvoyant qui avait devancé son temps, a consacré largement son opinion par les dérivations de l'Ourcq, de la Dhuys et de la Vanne.

Les deux réseaux des sources du Nord ont été, comme l'aqueduc d'Arcueil, établis à travers les propriétés particulières. Ici encore on a réduit à 22 mètres la zone de servitude grevant les terrains et que les ordonnances primitives fixaient à une largeur de 20 toises ou 40 mètres. Des tolérances de constructions sont accordées aux propriétaires, moyennant les conditions mentionnées ci-dessus.

Depuis quatre-vingts ans, des exploitations de carrières et de sablonnières, la destruction des bois et des cultures remplacées par des habitations et des usines, enfin l'établissement des fortifications ont bouleversé successivement et les sources et les appareils collecteurs ou distributeurs. Aussi cette branche des eaux publiques est-elle à présent d'un très-médiocre intérêt. Une portion du réseau des Prés-Saint-Gervais a été cédée à la commune de Pantin en 1869. La partie réservée de ce réseau et celui de Belleville, très-mutilé aujourd'hui, réclament encore l'application des anciens règlements.

Mode ancien de distribution d'eau à domicile.

Le mode de distribution d'eau employé à Rome était jadis également usité à Paris. Comme on l'a vu à propos de l'aqueduc d'Arcueil, une conduite principale aboutissait à un regard desservant à la fois le public et les particuliers au moyen d'une cuvette de jauge divisée en bassinets affectés chacun à un usager. Un tuyau distinct partait de chaque case et recevait un volume d'eau proportionné au diamètre de l'orifice de la conduite. L'un desservait le robinet de la fontaine publique; les autres allaient aux propriétés titulaires de concessions et munies d'un réservoir d'approvisionnement.

De nombreux inconvénients résultaient de ce système, onéreux pour les propriétaires et qui restreignait l'extension de la distribution à domicile. La circulation publique, le bon état des rues souffraient des travaux de pose et d'entretien de cette foule de tuyaux longitudinaux dont les fuites exposaient les maisons riveraines à des avaries incessantes.

Quant aux concessions elles-mêmes, elles n'étaient obtenues en principe qu'à prix d'argent. Le tarif du bureau de la Ville fut, aux XVIIe et XVIIIe siècles, de 200 livres une fois versées à la Caisse municipale, pour la jouissance à perpétuité d'une ligne d'eau (1) délivrée dans une période de vingt-quatre heures au moyen de la cuvette de jauge.

Concessions gratuites.

Mais, par exception à la règle, l'on vit concéder des jouissances gratuites, soit par simple faveur, soit à raison de services rendus à l'État ou à la Ville. Le Roi et le bureau de la Ville mirent trop souvent en oubli le caractère d'inaliénabilité et d'imprescriptibilité des Eaux de Paris au profit de princes du sang, de nobles ou de bourgeois influents, de communautés religieuses ou d'institutions d'intérêt général.

(1) L'unité de mesure hydraulique usitée autrefois était le volume d'eau qui passait en 24 heures par un orifice circulaire percé dans la paroi verticale d'un bassin, ayant un diamètre d'un pouce linéaire, et au-dessus de son sommet une couche d'eau d'une ligne de hauteur. Le maintien constant de cette hauteur étant très-difficile, et la pression variant souvent, ce procédé de jauge était défectueux. Néanmoins, on admettait que la quantité d'eau ainsi obtenue était de 20,150 pintes, équivalant dans le système métrique à 19,195 litres, soit en chiffres ronds 20 mètres cubes. Le pouce d'eau se décomposant en 144 lignes, une ligne représente en nouvelle mesure 133 litres et une fraction. L'unité de mesure hydraulique employée aujourd'hui dans le service des Eaux de Paris est le mètre cube ou kilolitre (1,000 litres).

Eu égard au volume restreint dont on disposait jadis, la multiplicité des concessions gratuites, où fréquemment l'eau était abusivement employée, causa la pénurie des fontaines publiques. Pour remédier au mal et en prévenir le retour, on dut remettre en pratique les principes en réduisant et révoquant même les concessions antérieures, comme faites à titre précaire. Le plus ancien acte de vigueur, retrouvé en cette matière, est un édit de Charles VI, du 9 octobre 1392, dont le fond et presque les détails sont reproduits dans des actes analogues de Henri II, Henri IV, Louis XIII et Louis XIV. Les Registres de la Ville renferment de nombreuses ordonnances du Prévôt des marchands rendues dans le même but dès 1553. L'ordonnance de Turgot du 21 juillet 1733 exigeait des concessionnaires la représentation de leurs titres, pour en obtenir la confirmation. Dès lors, les brevets de nouvelles concessions n'en attribuèrent la jouissance qu'à la personne nommément désignée, et la confirmation de cette jouissance dut en être demandée et obtenue toutes les fois que l'immeuble au service duquel l'eau était affectée changeait de propriétaire.

Nonobstant ces prescriptions, les dotations gratuites s'étaient perpétuées en grand nombre jusqu'à ces derniers temps. Pour les annuler, l'Administration municipale a obtenu la reconnaissance juridique des anciens règlements, dont la rigoureuse application poursuivie avec persévérance a amené, dans la période des trente dernières années, la révocation pure et simple des concessions d'origine gratuite. Les possesseurs de concessions faites à titre onéreux ont seuls obtenu le remboursement de la finance versée par leur auteur.

L'annulation des anciennes concessions a permis la suppression des regards de distribution et des tuyaux particuliers qui sillonnaient les rues. Désormais, chaque maison reçoit l'eau moyennant un abonnement annuel, et par une prise directe et spéciale sur la conduite publique (1).

Il ne reste plus que quelques jouissances gratuites à éteindre.

Ordre des matières du recueil.

Le classement des documents dans le recueil correspond à l'ordre suivi dans la présente note. Une première section contient les actes qui établissent ou confirment le régime administratif et juridique des Eaux de Paris. Une deuxième section groupe les règlements et la jurisprudence concernant les sources du Midi ou Eaux du Roi, et les sources du Nord ou Eaux de la Ville, ainsi que les servitudes actives qui leur sont assurées. Une troisième et dernière section est consacrée aux concessions gratuites de toute origine.

(1) Voir le recueil spécial sur la Régie des Eaux de la Ville par la Compagnie générale des Eaux (1871).

PUBLICATION DES RÈGLEMENTS

Arrêté du Préfet de la Seine.

25 juin 1851.

Nous, Représentant du Peuple, Préfet,

Vu la loi du 1ᵉʳ janvier 1790;

Vu l'article 29 de la loi des 19-22 juillet 1791, lequel dispose que les règlements relatifs à la grande voirie sont confirmés et continueront de recevoir leur exécution;

Vu les lois des 28 pluviôse an VIII et 29 floréal an X;

Vu le décret du 4 septembre 1807;

Vu les lois et règlements concernant les eaux de Paris et la conservation des sources et des ouvrages d'art qui les fournissent;

Vu notamment:

1° Les édits des 9 octobre 1392 et 21 juin 1624;

2° Les lettres patentes des 14 mai 1554, 15 octobre 1601, 19 décembre 1608, 4 et 7 décembre 1612, 26 mai 1635;

3° Les arrêts du Conseil en date des 23 juillet 1594, 3 octobre 1625, 9 mars 1633, 3 décembre 1653, 26 novembre 1666, 22 juillet 1669, 4 juillet 1777;

4° Les ordonnances du bureau de la Ville des 28 novembre 1633, 28 mai 1636, 6 et 21 novembre 1645, 3 août 1663, 14 juillet 1666, 29 novembre 1669, 14 mai, 23 juillet et 8 octobre 1670, 13 mars, 23 mai et 7 août 1671, 16 septembre et 24 novembre 1678;

Considérant que les diverses eaux publiques conduites à Paris à l'aide de travaux d'art font partie de la grande voirie, ainsi qu'il résulte des édits, lettres patentes, arrêts, etc., susvisés, et des décisions récentes du Conseil d'État en date des 15 octobre 1835, 1ᵉʳ juin 1849 et 18 janvier 1851;

Considérant qu'il importe, dans l'intérêt de la conservation des ouvrages hydrauliques servant à l'alimentation générale de Paris, de rappeler les prescriptions contenues dans les anciens règlements ci-dessus visés;

Arrêtons :

Art. 1er.

Les édits, lettres patentes, arrêts du conseil et ordonnances du bureau de la Ville ci-dessus visés, relatifs aux eaux des sources du Nord et du Midi, seront réunis et imprimés en un seul cahier.

Art. 2.

Des exemplaires en seront adressés :

1° A toutes les communes traversées par les ouvrages hydrauliques de la Ville de Paris, et remis à tous les intéressés sur leur demande;

2° A M. l'ingénieur en chef, directeur du service municipal, pour être distribués aux agents chargés de la surveillance des eaux de Paris.

Fait à Paris, le 25 juin 1851.

Signé : BERGER.

RÈGLEMENTS GÉNÉRAUX

RÉGIME ADMINISTRATIF ET JURIDIQUE

Lettres patentes du roi Henri IV, portant permission et pouvoir à Messieurs de la Ville de faire fouiller, creuser et retrancher les héritages des particuliers, pour la recherche et conduite des eaües pour la commodité de la Ville de Paris.

15 octobre 1601.

Henry, par la grâce de Dieu, Roy de France et de Navarre; à nos très-chers et bien amez les prévost des marchands et eschevins de nostre bonne Ville de Paris; salut.

Ayant, par nos lettres du vingt-septième jour d'avril dernier, vallidé et approuvé la résolution de l'Assemblée générale faite en l'hostel de ladite ville le dix-septième dudit mois, par laquelle nous aurions esté suppliez de trouver bon qu'il fust levé quinze sols par chaque muid de vin entrant en icelle dite ville, à commencer du premier jour d'octobre lors prochain, pour estre employez égallement, tant à la construction du Pont-Neuf qui s'y fait, qu'au restablissement du cours des fontaines d'icelle, qui a cessé par le malheur des troubles derniers; nous aurions estimé qu'incontinent feriez travailler ausdits ouvrages, mesmes au restablissement du cours desdites fontaines, et icelles mettre en bon estat; de sorte qu'en bref les bourgeois et habitants de ladite Ville en recevroient le bien et commodités que nous estions promis du cours desdites fontaines : toutes fois nous avons estés advertis qu'il ne s'y travaille avec telle diligence et continuation d'ouvrages que nous le désirons, pour le bien de ladite Ville, obstant quelques empeschements qui sont faits aux ouvriers et manœuvres qui y travaillent par aucuns des propriétaires des héritages, par lesquels est de besoin et nécessaire de faire passer et poser les tuyaux desdites fontaines, qui ne veulent permettre de creuser et fouiller leurs dits héritages, tant pour faire des tranchées nécessaires à la recherche des eaües égarées par l'interruption de leurs cours ordinaires, que pour faire les pierrées et réservoirs à eaües et regards desdites fontaines; et outre empeschent les voitures et charriages des matériaux à ce nécessaires par leurs terres : ce qu'ayant lieu, tirerait la construction et réparation d'icelles fontaines en grande longueur;

A quoy voulant pourvoir, et vous donner le moyen de faire faire lesdits restablissements et constructions de fontaines en la plus grande diligence que faire se pourra, et lever tous empeschemens qui les pourraient retarder, vous avons de nos grâce spéciale, pleine puissance et autorité royale, PERMIS ET PERMETTONS DE FAIRE CREUSER,

FOUILLER ET RETRANCHER PAR TOUS LES HÉRITAGES QU'IL CONVIENDRA, TANT POUR FAIRE LESDITES PIERRÉES, REGARDS, RÉSERVOIRS A EAUE, QUE POSER LES CANAUX ET TUYAUX DANS ET AU TRAVERS D'ICEUX ; et pour cet effet, *y faire mener, conduire et charrier tous les matériaux tant de chaux, suble, plastre qu'autres propres et duisans à tels ouvrages, et ce tant dans nostre dite Ville de Paris qu'ès environs et en tous lieux où seront trouvées les eaües disposées et sera de besoin ; deffendant à toutes personnes de vous y troubler, ou empescher les ouvriers qui y seront par vous employez, soit pour la place, estendue, réservoirs et appareils qu'il convient auxdits ouvrages,* pour l'embellissement, décoration de nostre dite Ville, qu'autrement; en quelque sorte et manière que ce soit, ou puisse estre, et généralement tout ce qui deppendra de la construction desdites fontaines, et jusqu'à perfection d'icelles;

De ce faire, vous avons donné et donnons pouvoir et auctorité, comme de chose qui de tout temps vous a esté commise et attribuée, deppendant de l'acquit de vos charges; voulant que tout ce qui sera par vous fait et ordonné, pour ce regard, soit promptement exécuté par vos officiers; et à ce faire, souffrir et obéyr toutes personnes contraintes par toutes voies deües, raisonnables et accoustumées en tel cas ; nonobstant oppositions ou appellations quelconques faites ou à faire, et sans préjudice d'icelles; desquelles, ATTENDU QU'IL S'AGIT D'UN BIEN GÉNÉRAL, préférable à l'intérêt d'un particulier, ne sera différé, et EN AVONS RÉSERVÉ la COGNOISSANCE A NOUS ET A NOSTRE CONSEIL ; deffendant et interdisant icelle à nostre prévost de Paris, et à tous autres nos juges et officiers quelconques, ny de prendre aucune *cognoissance et juridiction des faicts* cy-dessus, circonstances et deppendances, *que nous avons à vous seuls attribuée et attribuons* primativement à *tous autres,* sauf par après à faire par vous récompense aux parties intéressées, si faire se doit et s'il y eschet; car tel est nostre plaisir, nonobstant quelsconques ordonnances, priviléges et lettres à ce contraires.

Donné à Fontainebleau le quinzième jour d'octobre, mil six cent un, et de nostre règne le treizième. Par le Roy, Signé : RUZÉ, et scellé du grand sceau de cire jaune.

Arrêté des consuls ordonnant la réunion des diverses administrations des Eaux de Paris en une seule.

6 prairial an XI.

LE GOUVERNEMENT DE LA RÉPUBLIQUE,

Sur le rapport du Ministre de l'Intérieur ;
Le Conseil d'État entendu ;

ARRÊTE :

ART. 1er.

Les établissements hydrauliques connus sous la dénomination de pompes à vapeur, existantes à Chaillot et au Gros-Caillou ; la pompe commencée à la Gare ; l'aqueduc d'Arcueil ; la pompe du Pont-Neuf, dite *la Samaritaine*, et tous les bâtiments, conduites et dépendances de ces divers établissements, sont réunis aux eaux appartenant à la Commune de Paris, pour être régis par une seule et même administration.

ART. 2.

Il sera fait une estimation de la valeur des pompes à vapeur, leurs emplacements, bâtiments, conduites, fontaines de distribution, et généralement de tout ce qui en dépend.

ART. 3.

La Commune de Paris tiendra compte annuellement de l'intérêt du capital cédé par le Gouvernement, des objets énoncés en l'article précédent, à raison de 5 pour 100, et le Gouvernement recevra, en déduction ou compensation de cet intérêt, les eaux nécessaires aux divers établissements nationaux qui en jouissent maintenant ou qui seront jugés en avoir besoin, ainsi qu'aux divers palais et maisons consacrés au service et à l'usage du Gouvernement, de manière que la quantité d'eau à fournir aux établissements publics existant actuellement soit assurée, et que la somme à payer en argent, pour le surplus de l'intérêt, soit déterminée.

ART. 4.

Il sera nommé par le Premier Consul, sur la présentation du Ministre de l'Intérieur :
1° Un Administrateur général des Eaux qui exercera ses fonctions sous les ordres immédiats du Préfet du département ;
2° Un Ingénieur qui sera placé sous les ordres immédiats de l'Administrateur général.

ART. 5.

Le Préfet du département de la Seine, sur l'avis de l'Ingénieur et de l'Administrateur général des Eaux, présentera au Conseil général du département, faisant fonctions de Conseil municipal, les projets des nouvelles constructions nécessaires pour augmenter les eaux, en proportionner le produit aux besoins et en assurer la distribution.

ART. 6.

Tous les projets, après avoir été adoptés par le Conseil municipal, seront adressés au Ministre de l'Intérieur, et par lui soumis à l'approbation du Gouvernement ; jusqu'à cette époque, il ne sera rien changé à l'ordre actuel établi dans la distribution des eaux.

ART. 7.

Les Ministres de l'Intérieur et des Finances sont chargés, chacun en ce qui le concerne, de l'exécution du présent arrêté.

Le Premier Consul,
Signé : BONAPARTE.

Décret impérial sur l'administration des Eaux de Paris.

4 septembre 1807.

NAPOLÉON, Empereur des Français, etc.,

Sur le rapport de notre Ministre de l'Intérieur,
Notre conseil d'État entendu,

Nous avons décrété et décrétons ce qui suit :

ART. 1er.

Les eaux des pompes à feu de Chaillot et du Gros-Caillou, celles des pompes hydrau-liques de Notre-Dame et de la Samaritaine, des Prés-Saint-Gervais, Rungis et Arcueil, et celles du canal de l'Ourcq, seront réunies en une seule administration.

ART. 2.

Cette administration sera exercée par le Préfet de la Seine, sous la surveillance du conseiller d'État directeur général des Ponts et Chaussées, et l'autorité du Ministre de l'Intérieur.

ART. 3.

Tous les travaux dépendant de cette administration seront projetés, proposés, autorisés et exécutés dans les formes usitées pour les travaux des Ponts et Chaussées. La comptabilité des travaux sera aussi exécutée dans les mêmes formes.

ART. 4.

A cet effet, il sera établi, sous le titre de *Directeur des Ponts et Chaussées*, un ingénieur en chef qui aura la direction générale tant des travaux du canal de l'Ourcq, que de ceux relatifs, soit à la distribution des eaux de ce canal, soit à celle des eaux des pompes à feu et autres mentionnées en l'article 1er du présent décret.

ART. 5.

L'Ingénieur directeur aura sous ses ordres immédiats deux ingénieurs en chef et des ingénieurs ordinaires qui seront chargés, savoir :

L'un des ingénieurs en chef, de tous les travaux du canal de l'Ourcq, depuis la prise d'eau jusqu'au bassin de la Villette ;

L'autre, de tous les travaux relatifs à la distribution, tant des eaux de ce canal, que de toutes les autres dans l'intérieur de Paris.

Un ingénieur ordinaire sera chargé de la conduite et du travail des pompes à vapeur, depuis la prise d'eau dans la Seine jusqu'à la sortie des bassins. Il sera établi le nombre nécessaire de conducteurs, piqueurs et agents de service.

ART. 6.

Pour une première fois, les agents de l'Administration actuelle des Eaux de Paris pourront nous être présentés pour être par nous nommés Ingénieurs des Ponts et

Chaussées, et ce par exception aux règlements subsistants, auxquels il sera dérogé à cet effet.

Art. 7.

Toutes les dépenses relatives à l'Administration des Eaux de Paris seront à la charge de cette Ville.

Ces dépenses seront proposées pour chaque année, dans un budget particulier qui sera joint au budget général de la commune.

Art. 8.

Avant le 1ᵉʳ décembre prochain, l'Ingénieur Directeur présentera un projet général de distribution dans l'intérieur de Paris, tant des eaux à provenir du canal que de toutes autres déjà existantes.

Art. 9.

Ce projet indiquera généralement les points de placement des fontaines, conduites et regards à établir dans les divers quartiers de Paris, et spécialement le devis des établissements de ce genre à former dans les quartiers de Saint-Denis et des Halles, et qui devront s'y commencer dès l'année prochaine.

Art. 10.

Ces divers projets seront soumis à notre Ministre de l'Intérieur, et les projets généraux arrêtés par nous.

Art. 11.

Les dispositions de notre décret du 6 prairial an XI contraires à l'exécution des présentes sont rapportées.

Art. 12.

Notre Ministre de l'Intérieur est chargé de l'exécution du présent décret.

Signé : NAPOLÉON.

Par l'Empereur :
Le Ministre Secrétaire d'État,
Signé : Hugues-B. Maret.

Décret rendu en conseil d'État pour l'interprétation de l'arrêté consulaire du 6 prairial an XI et du décret impérial du 4 septembre 1807. — Établissements hydrauliques. — Concession gratuite des eaux nécessaires aux établissements publics.

24 juin 1858.

NAPOLÉON, par la grace de Dieu et la volonté nationale, Empereur des Français,

A tous présents et à venir, Salut.

Sur le rapport de la section du contentieux ;

Vu le recours de notre Ministre des Finances, enregistré au secrétariat de la section du contentieux le 15 mars 1854, ensemble le rapport du conseil d'administration de l'enregistrement et des domaines, en date du 30 décembre 1853, auquel notre Ministre déclare se référer, tendant à ce qu'il nous plaise donner l'*interprétation* de l'arrêté du Gouvernement de la République du 6 prairial an XI et du décret impérial du 4 septembre 1807, relatifs aux établissements hydrauliques et aux eaux servant à l'alimentation de la Ville de Paris; — *ce faisant*, déclarer : 1° que l'arrêté du 6 prairial an XI et le décret du 4 septembre 1807 n'ont pas transmis à la Ville de Paris la propriété des établissements hydrauliques dont ils ont opéré la réunion aux eaux appartenant à ladite Ville pour les faire régir par une seule administration ; 2° que le décret du 4 septembre 1807 n'a pas dispensé la Ville de Paris de tenir compte à l'Etat, conformément à l'art. 3 de l'arrêté du 6 prairial an XI, de l'intérêt à 5 o/o de la valeur estimative des établissements cédés, et de fournir gratuitement, sauf compensation jusqu'à due concurrence, avec le montant de cet intérêt, l'eau nécessaire au service des établissements publics appartenant à l'Etat ;

Vu l'arrêté du Gouvernement de la République du 6 prairial an XI ; ensemble l'avis du Conseil d'Etat du 29 fructidor an X, approuvé par le Premier Consul le 30 du même mois, l'avis du Conseil d'Etat du 4 prairial an XI, approuvé par le Premier Consul le 6 du même mois, et le rapport du Ministre de l'Intérieur au Gouvernement de la République en date du 9 floréal an XI ;

Vu le décret impérial du 4 septembre 1807, ensemble le rapport adressé à l'Empereur par le Ministre de l'Intérieur le 2 du même mois ;

Vu le mémoire en défense produit pour la Ville de Paris, représentée par le Préfet du département de la Seine, à ce dûment autorisé, ledit mémoire enregistré comme dessus le 20 décembre 1854, et par lequel, se fondant sur ce que notre Ministre des Finances ne justifie d'aucune décision judiciaire ou administrative par suite de laquelle il y aurait lieu d'interpréter l'arrêté et le décret susvisés, ladite Ville de Paris conclut à ce qu'il nous plaise rejeter le recours de notre Ministre des Finances et condamner l'Etat aux dépens ;

Vu la requête en intervention présentée pour le Ministre de notre Maison, ladite requête enregistrée comme dessus le 15 janvier 1855, et tendant à ce que l'arrêté et le décret ci-dessus visés soient interprétés en ce sens que, quelles que soient les quantités d'eau dont la Liste civile pouvait avoir besoin pour les palais et bâtiments situés dans Paris et qui sont compris dans la Dotation de la Couronne, la Ville de Paris est obligée de fournir ces quantités, sans pouvoir exiger de la Liste civile aucun prix ou indemnité quelconque, ni lui imposer des conditions ;

Vu les observations présentées par notre Ministre des Finances, enregistrées comme dessus le 6 août 1855, et par lesquelles notre Ministre, se référant à un rapport du conseil d'administration de l'enregistrement et des domaines, en date du 17 juillet 1855, déclare adhérer aux conclusions du recours en intervention du Ministre de notre Maison, et persiste d'ailleurs dans les conclusions de sa demande à fin d'interprétation ;

Vu le nouveau mémoire en défense produit par la Ville de Paris, ledit mémoire enregistré comme dessus, le 23 mai 1856, et tendant à ce qu'il nous plaise, *en ce qui concerne le recours en interprétation de notre Ministre des Finances*, rejeter ce recours comme non recevable par le motif que notre Ministre ne justifie d'aucune décision judiciaire ou administrative de nature à rendre nécessaire l'interprétation demandée, et qu'il n'existe d'ailleurs entre l'Etat et la Ville de Paris, au sujet du service des eaux, aucune convention pour la solution de laquelle cette interprétation serait indispensable; — *subsidiairement*, pour le cas où nous croirions devoir donner l'interprétation demandée : — 1° sur la question de savoir si l'arrêté et le décret précités ont conféré à la Ville de Paris un droit de propriété sur les établissements cédés par l'Etat, — déclarer que l'arrêté du 6 prairial an XI a transmis à la Ville de Paris la propriété de ces établissements ; — 2° sur la question de savoir si la Ville peut être obligée, en vertu de l'arrêté du 6 prairial an XI, de tenir compte à l'Etat de l'intérêt de 5 o/o du capital cédé en l'an XI, sauf à imputer sur cet intérêt la valeur des eaux qu'elle serait tenue de fournir à l'Etat pour le service des édifices et établissements publics qui lui appartiennent, — déclarer que le décret du 4 septembre 1807 a abrogé toutes les dispositions fiscales de l'arrêté du 6 prairial an XI, et, par suite, a dispensé la Ville de tenir compte à l'Etat, de la manière déterminée par cet arrêté, de l'intérêt de la valeur estimative de tous les établissements hydrauliques cédés à la Ville, et condamner notre Ministre des Finances aux dépens ; — *en ce qui concerne l'intervention du Ministre de notre Maison*, rejeter ladite intervention comme étant sans objet, par le motif que, depuis l'arrêté du 6 prairial an XI, la Ville de Paris n'a pas cessé de fournir gratuitement l'eau nécessaire aux palais impériaux et aux autres bâtiments dépendant de la Dotation de la Couronne, et se déclare prête à continuer cette fourniture ; et condamner le Ministre de notre Maison aux dépens de son intervention ;

Vu le mémoire présenté par le Ministre de notre Maison, ledit mémoire enregistré comme dessus le 12 juillet 1856, et tendant à ce qu'il nous plaise de lui donner acte de ce que la Ville de Paris se reconnaît obligée à fournir gratuitement toute l'eau nécessaire au service des palais et bâtiments situés à Paris et affectés à la Dotation de la Couronne ;

Vu les observations présentées par notre ministre de l'Agriculture, du Commerce et des Travaux publics, en réponse à la communication qui lui a été donnée du recours de notre Ministre des Finances et de la requête en intervention du Ministre de notre Maison, lesdites observations enregistrées comme dessus le 16 juin 1857, ensemble le rapport de l'Inspecteur général des Ponts et Chaussées Mary, ancien directeur du service des eaux de Paris, en date du 25 mars 1857, auquel notre Ministre déclare se référer ;

Vu les observations présentées par notre Ministre de l'Intérieur, en réponse à la communication qui lui a été donnée du recours de notre Ministre des Finances et de la requête en intervention du Ministre de notre Maison, lesdites observations enregistrées comme dessus, le 27 mars 1858 ;

Vu le mémoire enregistré comme dessus, le 26 avril 1858, par lequel le Ministre de notre Maison déclare persister dans les précédentes conclusions ;

Vu la délibération, en date du 7 mars 1856, par laquelle le Conseil municipal de Paris autorise le Préfet du département de la Seine à défendre au recours à fin d'interprétation de notre Ministre des Finances, et à la requête en intervention du Ministre de notre Maison ;

Vu les autres pièces produites jointes au dossier ;

Vu la loi du 29 floréal an X, qui autorise l'ouverture d'un canal de dérivation de la rivière d'Ourcq, et l'arrêté du Gouvernement du 25 thermidor suivant, portant que les fonds nécessaires à l'exécution de la dérivation de l'Ourcq seront prélevés sur les produits de l'octroi établi aux entrées de la Ville de Paris ;

Ouï M. Charles Robert, maître des requêtes, en son rapport ;

Ouï Me Jagerschmidt, avocat de la Ville, et Me Ripault, avocat du Ministre de la Maison de l'Empereur, en leurs observations ;

Ouï M. Ernest Baroche, maître des requêtes, commissaire du Gouvernement, en ses conclusions ;

Sur l'intervention du Ministre de notre Maison :

Considérant que le Ministre de notre Maison, en sa qualité d'administrateur de la Dotation de la Couronne, a intérêt à ce qu'il soit déclaré que la Ville de Paris est tenue de fournir gratuitement l'eau nécessaire aux palais et bâtiments situés dans la Ville de Paris, qui font partie de cette Dotation ; qu'il y a lieu, en conséquence, d'admettre son intervention ;

Considérant que la Ville de Paris, dans son mémoire ci-dessus visé, du 23 mai 1856, reconnaît qu'elle est tenue de fournir gratuitement l'eau nécessaire aux palais et bâtiments compris dans la Dotation de la Couronne ; qu'ainsi l'intervention du Ministre de notre Maison est devenue sans objet, et qu'il n'y a lieu d'y statuer ;

Sur la fin de non-recevoir opposée par la Ville de Paris à notre Ministre des Finances et tirée de ce que ledit Ministre ne justifierait d'aucune décision, soit judiciaire, soit administrative, par suite de laquelle il y aurait lieu de statuer sur l'interprétation de l'arrêté du 6 prairial an XI et du décret du 4 septembre 1807 :

Considérant que notre Ministre soutient que l'arrêté du 6 prairial an XI et le décret du 4 septembre 1807 n'ont conféré à la Ville de Paris aucun droit de propriété sur les établissements hydrauliques désignés dans l'art. 1er de cet arrêté et réunis à ceux qui appartenaient antérieurement à la Ville ; que notre Ministre soutient aussi que, d'après l'arrêté du 6 prairial an XI, qui aurait été maintenu à cet égard par le décret du 4 septembre 1807, la Ville est tenue de payer à l'Etat l'intérêt à 5 o/o par an de la valeur totale desdits établissements, dont la jouissance seule aurait été cédée, sauf l'imputation sur le montant de ces intérêts, jusqu'à due concurrence, de la valeur des concessions d'eau que la Ville devrait fournir gratuitement à tous les bâtiments ou édifices publics créés ou à créer par l'Etat dans la Ville de Paris ;

Considérant que la Ville prétend, au contraire, que l'arrêté et le décret précités lui ont transmis la propriété des établissements hydrauliques cédés par l'Etat ; et que les dispositions par lesquelles l'arrêté du 6 prairial an XI lui imposait l'obligation de tenir compte à l'Etat de l'intérêt du capital représenté par les pompes à feu de Chaillot et du Gros-Caillou et leurs dépendances, et de lui fournir, en payement de cet intérêt, l'eau nécessaire au service des établissements publics alors existants, ont été implicitement abrogées par le décret du 4 septembre 1807 ;

Que, dans ces circonstances, notre Ministre des Finances a le droit de demander l'interprétation de l'arrêté et du décret précités, et qu'il y a lieu par nous de donner cette interprétation ;

Au fond :

Considérant qu'aux termes de l'art. 1ᵉʳ de l'arrêté du 6 prairial an XI, « les établissements
« hydrauliques connus sous la dénomination de pompes à vapeur existantes à Chaillot et
« au Gros-Caillou, la pompe commencée à la Gare, l'aqueduc d'Arcueil, la pompe du Pont-
« Neuf, dite *la Samaritaine*, et tous les bâtiments, conduites et dépendances de ces éta-
« blissements, sont réunis aux eaux appartenant à la Ville de Paris ; » qu'aux termes de
l'art. 2, il doit être fait « une estimation de la valeur des pompes à vapeur, leurs em-
« placements, bâtiments, conduites, fontaines de distribution et généralement de tout ce
« qui en dépend ; » qu'aux termes de l'art. 3, « la Ville de Paris tiendra compte annuel-
« lement de l'intérêt du capital cédé par le Gouvernement des objets énoncés en
« l'art. 2, à raison de 5 o/o, et le Gouvernement recevra en déduction ou compensation
« de cet intérêt les eaux nécessaires aux divers établissements nationaux qui en jouissent
« maintenant ou qui seront jugés en avoir besoin, ainsi qu'aux divers palais ou maisons
« consacrés au service et à l'usage du Gouvernement, de manière que la quantité d'eau
« à fournir aux établissements publics existants actuellement soit assurée et que la
« somme à payer en argent pour le surplus de l'intérêt soit déterminée ; »

Considérant qu'il résulte de ces articles que l'État cédait à la Ville, par l'arrêté du
6 prairial an XI, la propriété des pompes à vapeur de Chaillot et du Gros-Caillou ; qu'il
stipulait à son profit l'intérêt du capital représenté par ces pompes ; enfin, qu'il
imposait à la Ville l'obligation de fournir l'eau gratuitement aux établissements publics
sauf compensation du prix des eaux par elles fournies, jusqu'à due concurrence, avec le
montant de l'intérêt stipulé ;

Considérant que d'après l'art. 1ᵉʳ du décret du 4 septembre 1807, les établissements
hydrauliques de l'Etat et les eaux appartenant à la Ville, y compris le canal de l'Ourcq,
sont réunis en une seule administration ; qu'aux termes de l'art. 7 du même décret,
« toutes les dépenses relatives à l'administration des eaux de Paris sont mises à la charge
« de la Ville de Paris ; » et que l'art. 11 dudit décret porte abrogation des dispositions de
l'arrêté du 6 prairial an XI qui seraient contraires à son exécution ;

Considérant que le décret du 4 septembre 1807 a ainsi confirmé la cession de la propriété des pompes à vapeur faite à la Ville par l'arrêté du 6 prairial an XI ; que, de
plus, en mettant toutes les dépenses des eaux de Paris à la charge de la Ville de Paris,
il l'a rendue également propriétaire des autres établissements hydrauliques de l'Etat ;
savoir : de la pompe de *la Samaritaine*, de la pompe commencée à la Gare et de l'aqueduc d'Arcueil ;

Considérant, quant à l'intérêt stipulé par l'arrêté de l'an XI, qu'en rendant la Ville
propriétaire de tous les établissements hydrauliques de l'Etat, sans reproduire cette
stipulation, et en mettant sans réserve à la charge de la Ville toutes les dépenses relatives
à ces établissements, le décret de 1807 a implicitement abrogé la disposition par laquelle
l'arrêté de l'an XI avait stipulé le payement de cet intérêt ;

Mais considérant que l'obligation imposée à la Ville par l'arrêté de l'an XI, comme
condition de la cession des eaux appartenant à l'Etat, de lui fournir gratuitement l'eau
nécessaire au service des établissements publics alors existants, n'a pas été abrogée par
le décret de 1807 ; que par suite l'arrêté du 6 prairial an XI n'est pas applicable aux
établissements nouveaux créés postérieurement à sa date, mais que la Ville est tenue,
en vertu dudit arrêté, de fournir gratuitement à l'Etat l'eau nécessaire à tous les éta-

2

blissements publics qui existaient alors, qu'ils aient ou non profité du droit qui leur était reconnu, que leurs besoins aient ou non augmenté depuis cette époque et qu'ils aient été ou non transférés dans un autre local ;

Sur les conclusions à fin de dépens :

Considérant que la loi du 3 mars 1849, qui rendait applicable à la section du Contentieux du Conseil d'Etat l'art. 130 du Code de procédure civile relatif aux dépens, a été abrogée par le décret du 25 janvier 1852, et qu'aucune autre disposition de loi ou de règlement n'autorise à prononcer des dépens à la charge ou au profit des administrations publiques dans les affaires portées devant notre Conseil d'Etat ;

Notre Conseil d'Etat au Contentieux entendu ;

Avons décrété et décrétons ce qui suit :

ART. 1er.

L'intervention du Ministre de notre Maison est admise. Il n'y a lieu de statuer sur les conclusions de notre Ministre.

ART. 2.

Il est déclaré : 1o que l'arrêté du 6 prairial an XI et le décret du 4 septembre 1807 ont transmis à la Ville de Paris la propriété des établissements hydrauliques énumérés dans l'art. 1er dudit arrêté, et cédés par l'Etat à la Ville ; 2o que, depuis le décret du 4 septembre 1807, la Ville de Paris a cessé de devoir à l'Etat l'intérêt du capital représenté par les pompes à vapeur de Chaillot et du Gros-Caillou et de leurs dépendances ; 3o que la Ville de Paris est obligée de fournir gratuitement à l'Etat, en vertu de l'arrêté du 6 prairial an XI, l'eau qui est nécessaire aujourd'hui aux établissements publics existant à cette date, qu'ils aient ou non profité du droit qui leur était reconnu, que leurs besoins aient ou non augmenté depuis cette époque, et qu'ils aient ou non été transférés dans un autre local.

ART. 3.

Les conclusions à fin de dépens du Ministre de notre Maison et de la Ville de Paris sont rejetées.

ART 4.

Notre Garde des Sceaux, Ministre Secrétaire d'Etat au département de la Justice, notre Ministre Secrétaire d'Etat aux Finances, notre Ministre Secrétaire d'État et de notre Maison, notre Ministre Secrétaire d'Etat au département de l'Agriculture, du Commerce et des Travaux publics et notre Ministre Secrétaire d'Etat au département de l'Intérieur, sont chargés, chacun en ce qui le concerne, de l'exécution du présent décret.

Approuvé le 24 juin 1858.

Signé : NAPOLÉON.

Par l'Empereur :

Le Garde des Sceaux, Ministre de la Justice,

Signé : E. DE ROYER.

RÈGLEMENTS SPÉCIAUX

EAUX DU ROI. — AQUEDUC D'ARCUEIL.

Lettres patentes du roi Louis XIII, qui attribuent aux Trésoriers de France l'inspection des travaux de l'aqueduc de Rungis.

4 décembre 1612.

Louis, par la grâce de Dieu, Roi de France et de Navarre, à nos amés et féaux conseillers les présidents, trésoriers généraux de France, à Paris, salut.

Le feu Roi notre très-honoré seigneur et père, que Dieu absolve, ayant toujours recherché et fait curieusement travailler à ce qu'il a jugé pouvoir *embellir ses maisons royales, et particulièrement cette Ville de Paris, pour laisser à la postérité en toutes choses les marques de sa grandeur*, dès l'année 1609, sur l'avis qui lui fut donné, qu'au lieu de *Rungis* il se pouvait faire un grand amas d'eaux de sources, résolut dès lors de les faire conduire en cette Ville de Paris ; et pour cet effet, vous étant transportés sur les lieux, et sur le procès-verbal qui fut par vous fait de ce qui était nécessaire pour faire l'amas desdites eaux en un seul réservoir, les alignements en furent pris en vos présences, *places et héritages achetés en notre nom et de nos deniers*, ensemble les ouvriers payés suivant nos ordonnances, pour rendre le lieu en l'état qu'il est à présent ; et voulant maintenant faire réussir à perfection ce qui a été si bien commencé par notre dit seigneur et père, et ne laisser un tel ouvrage imparfait, nous aurions fait faire les devis de ce qui était nécessaire *pour la conduite desdites eaux en cette ville*, et de tout fait faire affiches et proclamations pour les bailler au rabais : sur quoi, après diverses propositions et plusieurs offres faites, enfin bail en aurait été expédié en notre Conseil, le vingt-septième jour d'octobre dernier, à notre bien-amé Jehan Coing, et à vous adressé pour faire jouir ledit entrepreneur, et le faire exécuter, mais d'autant que ce qui doit être par vous fait en exécution dudit bail, et qui dépend de la fonction de vos charges, n'y est à plein sacrifié ;

A ces causes, vous mandons et ordonnons que vous ayez à prendre garde que lesdits ouvrages soient bien et duement faits suivant les devis, clauses et conditions dudit bail ; que ledit entrepreneur et ses ouvriers ayant soin d'y travailler incessamment et sans discontinuation, en sorte que ledit ouvrage soit achevé dans le temps qu'il est obligé, porté par ledit bail ; faire donner aux ouvriers l'alignement nécessaire par les maîtres de nos œuvres, en vos présences ; tenir la main à ce que ledit entrepreneur soit payé par le fermier de la ferme des trente sols par muids de vin en notre

dite Ville et faubourgs, de quartier en quartier, selon qu'il sera contenu par les man-
dements qu'il obtiendra des trésoriers de notre épargne ; *faire faire les prisées et
estimation des terres et héritages qu'il contiendra, acheter par gens experts à ce connais-
sant, en vos présences,* et le dit entrepreneur appelé, EN PASSER LES CONTRATS EN NOTRE
NOM *pour être portés en notre chambre des comptes,* afin d'y avoir recours quand besoin
sera ; faire mettre au greffe de votre bureau l'acte de caution baillé par ledit entrepreneur, et en cas qu'il fût besoin de les renforcer et renouveler, nous en donner
avis ; et généralement faire, pour la conduite desdites eaux, ouvrages et toutes autres
choses qui dépendent de l'accomplissement et exécution dudit bail, tout ce que vous
verrez être requis et nécessaire pour le bien de notre service et du public, et d'autant que, sur les remontrances desdits prévôt des marchands et échevins de ladite Ville,
nous leur aurions ci-devant adressé nos lettres de commission pour avoir soin de la
conduite desdites eaux, afin que l'intérêt qu'a notredite ville pour les douze pouces
desdites *eaux que nous leur avons octroyées pour le public* fût conservé ; nous voulons
qu'en procédant par vous auxdits alignements, lesdits prévôt des marchands et échevins y soient présents et appelés, comme aussi lorsqu'il surviendra quelque cas au fait
de ladite conduite et ouvrage qui soit d'importance, pour en tout conserver l'intérêt
de notredite ville.

De ce faire nous avons donné et donnons plein pouvoir, puissance, autorité et mandement spécial ; car tel est notre plaisir, nonobstant nosdites lettres de commission
adressées auxdits prévôt des marchands et échevins, lesquelles ne voulons nuire ni
préjudicier au fait et exercice de vosdites charges.

Donné à Paris, le quatrième jour de décembre, l'an de grâce mil six cent douze, et
de notre règne le troisième. Signé : Par le Roi en son conseil, DE FLEXELLES ; et
scellées du grand scel de cire jaune sur simple queue.

Et au bas est écrit ce qui s'ensuit : Collationné à l'original, par moi greffier du bureau
des finances, à Paris, soussigné. Signé : HARDOUIN.

(Registres de la Ville, vol. XIX, fol. 58.)

---

*Lettres patentes du roi Louis XIII, portant que l'intendant des bâtiments et le
bureau de la Ville veilleront à l'exécution des travaux de l'aqueduc d'Arcueil.*

7 décembre 1612.

Louis, par la grâce de Dieu, Roi de France et de Navarre, à notre amé et féal
conseiller en notre conseil d'État et intendant de nos bâtiments, le sieur de Fourcy,
salut.

Le désir que nous avons que l'entreprise des ouvrages et conduite des eaux des
fontaines du lieu de *Rungis* soit rendue à sa perfection, tant pour l'achèvement desdits
ouvrages qu'afin qu'ils soient bien et duement faits, et que, comme il est nécessaire
aux œuvres publics, ils puissent durer à longues années, nous a fait rechercher tous
moyens pour exciter ceux qui par le droit de leurs charges sont tenus et obligés de
vaquer soigneusement, comme font nos amés et féaux conseillers *les présidents et*

trésoriers généraux de France, à Paris, et les prévost des marchands et eschevins de notre-dite Ville, auxquels, pour ce qui peut comporter et appartenir à chacun d'eux au fait desdits ouvrages, nous avons adressé nos lettres patentes pour soigneusement y vaquer, et pour ce aussi que vous avez une particulière connaissance de notre intention sur le fait desdits ouvrages, pour avoir été, de l'ordonnance de notredit conseil, voir et visiter ledit lieu de *Rungis,* ensemble lesdites sources d'eaux, fait votre rapport et été présent lorsque les dessins et devis en ont été résolus en notredit conseil ; sur lequel, bail a été fait à notre bien-amé Jehan Coing de l'entreprise desdits ouvrages et conduite d'eau, le vingt-septième jour d'octobre dernier ; nous, à ces causes, de l'avis de notredit conseil, nous avons commis et député, commettons et députons par ces présentes, pour de fois à autres vous transporter sur les lieux avec lesdits trésoriers de France, prévôt des marchands et échevins, aucuns d'entre eux, ou sans eux, voir ou visiter lesdits ouvrages, reconnaître s'ils se font bien et duement et sont bien fondés selon lesdits lieux, et comme l'entrepreneur y est obligé par son bail ; même être présent et assister, lorsque les alignements lui seront donnés et à ses ouvriers ; *et au cas que vous jugiez y avoir aucunes desdites choses ou autres concernant le fait desdits ouvrages à réformer, vous nous représentiez, et en notre conseil, pour y pourvoir selon ce qu'il appartiendra.*

A ce faire vous donnons pouvoir, autorité, commission et mandement spécial ; car tel est notre bon plaisir.

Donné à Paris, le septième jour de décembre mil six cent douze, et de notre règne le troisième. Ainsi signé : Par le roi en son conseil, DE FLEXELLES ; et scellé sur simple queue du grand scel de cire jaune.

(Registres de la Ville, vol. XIX, fol. 59.)

Arrêt du conseil d'État du roi Louis XIII, contenant défense de faire des fouilles et extraction de pierre ou moëllons à 15 toises près des grands chemins, conduits des fontaines et autres ouvrages publics.

9 mars 1633.

Sur ce qui a esté représenté au Roy en son conseil par Thomas Francini, intendant général des fontaines de France, que plusieurs particuliers s'ingèrent de faire fouller des carrières en divers endroitz ez environs de la Ville de Paris jusques dessoubz les grandz chemins, conduitz de fontaines et autres ouvrages publicz sans laisser les piliers, hagues et murailles nécessaires pour soustenir lo ciel et la terre des dittes carrières, quelques-uns mesmes les desmolissants dans celles qu'ils rencontrent qui ont esté foullés autrefois, pour faire leur proffit des pierres dont les dits piliers sont construictz, ce qui a desjà causé plusieurs fondis et bouleversementz de terres en divers endroicts et notamment ez-acquéducs et canaux des fontaines de *Rungis* au grand préjudice de la seureté et commodité publique ; à quoy estant nécessaire de pourvoir ;

Le Roy en son conseil a faict et *fait très-expresses inhibitions et deffenses à tous carriers et autres personnes de fouller ou faire fouller ny tirer pierre ou moillon d'aucune carrière à quinze toises près des grandz chemins, conduitez de fontaines et autres ouvrages publicz à peine de punition corporelle et amende arbitraire*. Ordonne Sa Majesté, soubz les mesmes peines aux dits carriers et propriétaires des carrières de laisser des piliers, hagues et murailles nécessaires pour soustenir les terres des dittes carrières, et lez endroictz où il en aura manqué dans le dit espace de quinze toises près des dits ouvrages et chemins publicz, en faire remettre et construire de nouveaux par tout où il sera jugé nécessaire; Et qu'à ceste fin visitation sera faicte ez-dittes carrières des lieux qui sont en péril éminent, par Michel Houallet, juré carrier et voyer du bailliage de la Varenne du Louvre, pour, suivant son rapport, estre les dittes réparations faictes en vertu des ordonnances du lieutenant général au balliage de la ditte Varenne du Louvre aux despendz des dits propriétaires à quoy ils seront contraincg par tout es voyes deues et raisonnables.

Et sera le présent arrest leu et publié aux prosnes des paroisses dependant du dit bailliage et partout où besoing sera à la diligence du dit Lieutenant à ce que personne n'en prétende cause d'ignorance.

La minute est signée : Séguier, Bullion, Bouthillier et Sublet.

Du neuviesme mars mil six cent trente-trois, à Paris.

Arrêt du conseil d'État du roi Louis XIV, contenant défense de rompre les voûtes des aqueducs, d'entrer dans les regards avec de fausses clefs, et de salir ou troubler les eaux.

3 décembre 1653.

Sur ce qui a esté représenté au Roy en son conseil par le sieur de Francine, conseiller et maistre d'hostel ordinaire de Sa Majesté, intendant général des eaues et fontaines de France, que plusieurs particuliers qui ont de l'eau le long des acqueducs de *Rungis*, particulièrement au village de *Gentilly* et *Arqueuil*, ont rompu leurs calibres et mesures de distribution et prennent de l'eau comme il leur plaist, et ceux qui ont des regards enfermez dans leurs enclos rompent les portes et entrent soubz les voultes, salissent l'eau et y font beaucoup de désordres, ce qui apporte un grand préjudice à Sa Majesté et au public, et d'ailleurs il reçoit beaucoup d'incommodité et de la dépense inutile par le reffus que font les huissiers et sergens des lieux d'exécuter les arrest du dit conseil sans avoir des commissions en forme, au lieu que les gardes et concierges des dictes eaues par luy commis le pourraient facilement faire par la permission que Sa Majesté leur pourrait d'autant plus librement donner qu'elle ne portera aucune conséquence aux huissiers et sergens; à quoy estant nécessaire de pourvoir;

Le Roy en son conseil a ordonné et ordonne que tous ceux sans exception quelconque qui ont de l'eau des acquéducs de *Rungis*, restabliront dans huictaine, pour tous délais après signiffication qui leur sera faicte du présent arrest, les mesures et calibres de cuivre de leurs eaues suivant la concession qu'ils en ont, à peine de quinze cents livres, et en cas qu'ils les rompent cy après ils seront privés entièrement de la pocession des dites eaues, et avant que de faire remettre les dites mesures et calibres, ils seront tenus de les présenter au dit de Francine pour voir s'ils seront de la grosseur qu'ils doivent estre faict ; Sa Majesté *fait deffense à ceux qui ont des regards enfermés dans les encloz de leurs maisons de rompre les portes des voûtes desdits acquéducs, d'entrer en iceux avec de fausses clefs, ny de salir et troubler les dites eaues, à peine de mille livres d'amende.* Et affin que personne n'en prétende cause d'ignorance, Sa Majesté veut et entend que le présent arrest soit leu et publié aux prosnes des paroisses où besoing sera, et à ceste fin, permet aus dits gardes et concierges des dites eaues de faire touttes significations et exploictz nécessaires pour l'exécution d'iceluy et autres qui interviendront cy après pour raison des dictes eaues et fontaines seulement, voullant que leurs procès-verbaux ayent le mesme effect que s'ils étaient faictz par des huissiers sergens ; leur faisant néantmoins deffense d'exécutter d'autres arretz et commissions que ceux concernant les dictes eaues et fontaines à peine de faux et de cinq cens livres d'amende.

La minute est signée : Séguier, Molé, Daligre, Servien, Foucquet et Barrillon.

Du troisiesme decembre 1653, à Paris.

Arrêt du conseil d'Etat du roi Louis XIV, contenant défense de prendre les eaux, gâter ou fouler les pierrées, planter des arbres le long des aqueducs et conduits à 15 toises près.

22 juillet 1669.

Sur ce qui a esté représenté au Roy en son conseil par le sieur de Francine Grandmaisons, intandant général des eaux et fontaines de France, qu'au préjudice des ordonnances de Sa Majesté sur le faict des eaux, divers particuliers font des entreprises le long des cours des *acquéducts* tant de *Rongis* que de Saint-Germain-en-Laye, foullent sur iceux, plantent des arbres le long des pierrées dont les racines remplissent et empeschent le cours des eaux, d'autres les enferment dans leurs enclos, de sorte que l'on a peine de entrer pour y travailler, ce qui cause un notable préjudice au Roy et au public, mesme le sieur Morand, payeur des rantes, lequel a achepté une maison à Arqueul des héritiers des entrepreneurs des aquéducts de *Rongis* joignant le regard du grand pont dudit lieu dans lequel passent les eaux, en laditte maison avait esté enfermée celle du Roy où loge le concierge dudit pont d'Arqueul, quoique ledit sieur de Grandmaisons se soit opposé pour Sa Majesté au décret d'icelle, après un long temps ledit Morand lui a osté son logement dont il en a rendu ses plintes, mesme par une nouvelle entreprise a attaché la porte du grand regard en dehors, de sorte que l'on ne peut plus s'en servir pour entrer et sortir pour tempérer les eaux quand elles augmentent ou en redoner quand elles diminuent, ce qui faict un désordre dans les regards et aquéducts

ne pouvant pas porter la quantité d'eaux qui l'hyver y affluent ni en remettre facilement comme on a de coustume ; A quoy estant nécessaire de pourvoir ;

Le Roy en son conseil a fait et *fait très expresses inhibitions et défenses à toutes per-*
sonnes, de que'que qualité et conditions qu'elles puissent estre, de *prendre les eaux,*
gaster ny *fouler les pierrées* tant de Saint-Germain-en-Laye que de *Rongis, planter aucuns*
arbres le long d'icelles ny des aquéducs et conduits à quinze toises près, conformément aux
anciens réglements, *à peine de quinze cens livres d'amende,* et s'il s'y en trouve de plan-
téz, les propriétaires des terres seront tenus de les arracher quinzaine après la publica-
tion du présent arrest qui sera faite aux prosnes des parroisses desquelles sont dépendantes lesdites terres ; passé ledit temps, veut Sa Majesté qu'ils soient arrachez à leurs
frais et despens, et les descharges des eaux qui auront esté prises ou comblées remises
au mesme estat qu'elles étoient auparavant. Et à l'esgard dudit Morand, ordonne Sa
Majesté qu'il rapportera ses tiltres de la possession de ladite maison au conseil dans hui-
taine après la signification du présent arrest, pour iceux veus et rapportez audit conseil estre ordonné ce qu'il appartiendra par raison.

Enjoint Sa Majesté au sieur de Grandmaisons, intendant général des eaux et fontaines
de France, de tenir la main à l'exécution du présent arrest.

La minute est signée : Séguier, Villeroy, Marin, Daligre, Dezeve et Colbert.

A Saint-Germain-en-Laye, le lundy vingt-deuxiesme juillet mil six cent soixante-
neuf.

Arrêt du conseil d'Etat du roi Louis XVI, contenant défense de fouiller, tirer
pierre, établir édifices, clôtures, plantations ou cultures, sur tout le cours de
l'aqueduc d'Arcueil, à moins de 15 toises à partir de la clef de voûte dudit
aqueduc.

4 juillet 1777.

Le Roi ayant, par l'arrêt rendu en son conseil, le 4 avril 1777, nommé le sieur Lenoir,
conseiller d'Etat, lieutenant général de police de la ville, prévôté et vicomté de Paris ;
et le sieur comte d'Angiviller, directeur et ordonnateur général des bâtiments, jardins,
arts, académies et manufactures royales, à l'effet de veiller aux opérations qu'exige
l'état actuel des carrières de Paris et des plaines adjacentes ; et Sa Majesté voulant prévenir toutes contestations qui pourraient survenir entre les commissaires par elle nommés et les officiers de ses chasses, au sujet de l'exercice de leurs droits et pouvoirs
respectifs ; elle aurait jugé nécessaire de prendre des mesures capables d'assurer l'exécution dudit arrêt, sans nuire aux droits de juridiction de ses capitaineries ; A quoi
voulant pourvoir : ouï le rapport ;

Le Roi, étant en son conseil, a ordonné et ordonne que l'arrêt du 4 avril dernier sera
exécuté sans préjudice de la juridiction des officiers de ses capitaineries ; maintient en
conséquence Sa Majesté les dits officiers dans le droit de connaître, dans l'étendue des-

dites capitaineries, des faits de chasse et de police, conformément aux ordonnances et règlements. Ce faisant entend qu'ils continuent à donner, comme par le passé, des permissions d'ouvrir, dans leur territoire, des carrières, en observant les distances des grands chemins prescrites par les règlements, et après toutefois qu'il aura été reconnu que leur exploitation ne peut être nuisible aux opérations ordonnées par ledit arrêt; à l'effet de quoi, ceux qui auront obtenu lesdites permissions seront tenus de les représenter aux sieurs commissaires ou à l'inspecteur par eux préposé : entend Sa Majesté restreindre cette obligation de la part des carriers pour les ouvertures des carrières qui seront faites dans l'étendue des deux lieues de Paris seulement.

Fait défense Sa Majesté à tous carriers, entrepreneurs, ouvriers et autres, de fouiller ou faire fouiller, ni tirer pierres ou moëllons; de former, établir aucuns édifices, clôtures, plantations ou cultures sur tout le cours de l'aqueduc d'Arcueil, depuis sa naissance jusqu'à sa décharge dans Paris, à une distance moindre que quinze toises mesurées à côté dudit aqueduc, à partir de la clef de la voûte, à peine de quinze cents livres d'amende et de démolition des constructions et plantations aux frais des contrevenants, au bout de trois jours de l'avertissement qui leur en aura été donné. Veut Sa Majesté que par le sieur Guillaumot, inspecteur et contrôleur desdites opérations, ou autre préposé en son absence, il soit procédé à la visite et reconnaissance, tant des carrières actuellement ouvertes dans la Ville de Paris et plaines adjacentes, dans l'étendue de deux lieues, pour en vérifier le nombre et l'état, que du cours dudit aqueduc, tant intérieur qu'extérieur; à l'effet de constater les usurpations, si aucunes ont été faites sur la superficie, et les excavations abusives qui peuvent nuire à la solidité de ses fondations : desquelles visites et reconnaissances il sera par le sieur Guillaumot, ou autre préposé en son absence, dressé tous procès-verbaux ; pour, sur le rapport qui en sera fait auxdits sieurs commissaires, être par eux fait ou ordonné l'établissement des hagues ou piliers pour soutenir les ciels desdites carrières, et faire condamner celles dont l'état actuel l'exigerait.

Enjoint Sa Majesté auxdits sieurs commissaires et aux officiers desdites capitaineries de tenir la main à l'exécution du présent arrêt; et attribue spécialement audit sieur lieutenant général de police la connaissance des suites contentieuses qui pourraient se présenter à ce sujet, sauf l'appel au conseil.

Fait au conseil d'Etat du Roi, Sa Majesté y étant, tenu à Versailles, le quatre juillet mil sept cent soixante-dix-sept. Signé : AMELOT.

Jean-Charles-Pierre LENOIR, chevalier conseiller d'État, lieutenant-général de police de la ville, prévôté et vicomté de Paris, commissaire du conseil en cette partie ;

Vu l'arrêt du conseil d'Etat ci-dessus et des autres parts ;

Nous ordonnons qu'il sera imprimé et affiché partout où besoin sera, et exécuté selon sa forme et teneur.

Fait à Paris, le vingt-trois juillet mil sept cent soixante-dix-sept. Signé : LENOIR.

Décret impérial, portant règlement spécial sur les carrières de pierre à plâtre, pour les départements de la Seine, de Seine-et-Oise, de Seine-et-Marne et de l'Aisne.

22 mars 1813.

BULLETIN DES LOIS, 4ᵉ SÉRIE, 492, n° 9075.

(Extrait.)

ART. 8.

Aux approches des aqueducs construits en maçonnerie pour la conduite des eaux des communes, tels que ceux de Rungis et d'Arcueil, les fouilles ne pourront être poussées qu'à dix mètres de chaque côté de la clef de voûte........

Les distances fixées par cet article pourront être augmentées sur le rapport des inspecteurs des carrières, ensuite d'une inspection des lieux, d'après la nature du terrain et la profondeur à laquelle se trouveront respectivement les aqueducs et les exploitations.

ART. 29.

Les ouvrages de toute espèce ne pourront être poussés qu'à la distance de dix mètres des deux côtés des chemins à voiture, de quelque classe qu'ils soient, des édifices et constructions quelconques, plus un mètre par mètre d'épaisseur de terre.

OBSERVATIONS

Un décret de la même date (Bulletin des Lois, 4ᵉ série, 496, n° 9093), et contenant règlement général sur l'exploitation des carrières, plâtrières, glaisières, sablonnières, marnières et crayères, soumet cette exploitation à une permission préalable et à la conservation de la distance prescrite par les règlements à l'égard des aqueducs et tuyaux de conduite (art. 5, parag. 4).

De plus, un décret du 4 juillet 1813 (Bulletin des Lois, 4ᵉ série, 513, n° 9427), qui approuve un règlement spécial concernant l'exploitation de pierres calcaires dites pierres à bâtir, contient, à l'article 8, des prescriptions analogues à celles de l'article 8 du décret sur les carrières de pierre à plâtre.

Ces décrets, primitivement édictés pour les départements de la Seine et de Seine-et-Oise, ont été, par des décisions ministérielles, déclarés applicables, savoir : le 5 avril 1822, au département de Seine-et-Marne ; le 1ᵉʳ octobre 1832, au département de l'Aisne.

Défenses aux particuliers qui ont maisons à Belleville et au Pré-Saint-Gervais de faire aucunes tranchées.

28 novembre 1633.

De par les prévost des marchands et eschevins de la Ville de Paris ;

Sur ce que le procureur du Roy et de la Ville nous a remontré que les eaues de Belleville et Pré-Sainct-Gervais sont diminuées et diminuent grandement de jour en jour à cause du divertissement d'icelles par plusieurs particuliers ayans maisons esdits lieux, lesquels font trancher les terres massives et fouiller près et ès environs des sources et pierrées des fontaines publicques desdits lieux ; à quoy il est nécessaire de pourvoir promptement pour la conservation desdictes fontaines ;

Nous ouy, et ce requérant ledit procureur du Roy et de la Ville, aux conclusions dudit procureur du Roy et de la Ville, et ce pendant leur avons faict *deffences de fouiller ni trancher aucunes terres esdits lieux de Belleville et Pré-Saint-Gervais, et à tous manœuvres de travailler à peine de prison.*

Faict au bureau de la Ville, le xxviij⁰ novembre mil six cens trente-trois.

Pour faire encombrer les puits faits aux environs du village de Belleville.

28 mai 1636.

De par les prévost des marchands et eschevins de la Ville de Paris ;

Il est ordonné à Augustin Guillain, maistre des œuvres, garde et aiant charge des fontaines de la dicte Ville, de se transporter à l'environ du village de Belleville, pour veoir et recognoistre les lieux et endroictz, où la plus part des habitans du dict lieu ont faict fouiller des troux en forme de puys, pour arrouser leurs jardins, fraiziers ou autrement, et iceux faire rompre, boucher et encombrer, en restablissant ce qui sera nécessaire, au faict des pierrées des fontaines de la dicte Vílle, y employant six ouvriers de ceux qui travaillent à journée de la dite Ville.

Faict au bureau d'icelle, le vingt-huictiesme jour de mai mvi° trente-six.

A cause que quelques particuliers s'ingéroient de faire fouiller des tranchées en terre le long des aquéducs où fluent les fontaines de cette Ville.

6 novembre 1645.

De par les prévost des marchands et eschevins de la Ville de Paris ;

Sur ce quy nous a esté remonstré par le procureur du Roy et de la Ville qu'il y a quelques habitans du village de Belleville quy s'ingèrent de fouiller les tranchées en terre le long des aqueducz ou fluent les eaües des fontaines publiques de ladicte Ville ; ce quy pourroit destourner lesdites 'eaues et altérer les fontaines publiques ; A quoy il estoit nécessaire de pourvoir ;

Sur quoy ouy, le procureur du Roy et de la Ville en ses conclusions, et attendu que telles entreprises se font contre les réglements et ordonnances de Sa Majesté,

Avons ordonné que lesdictz particuliers habitans du village de Belleville et autres quy se trouveront travaillans auxdictes tranchées seront assignéz pardevant nous au premier jour pour responde aux conclusions dudict procureur du Roy avec *deffences de travailler, et en cas de contravention permis d'emprisonner les contrevenans.* Ce quy sera exécuté nonobstant opposition ou appellation quelconques faictes ou a faire et sans préjudice d'icelles.

Faict au bureau de la Ville, ce six novembre mvie quarante-cinq.

Contre ceux qui fouilloient les tranchées le long des aqueducs de la Ville, du côté de Belleville.

21 novembre 1645.

De par les prévost des marchandz et eschevins de la Ville de Paris ;

Sur ce quy nous a esté représenté par le procureur du Roy et de la Ville qu'au préju-dice des deffenses portées par nostre ordonnance du sixiesme des présens mois et an l'on continue *à fouiller des tranchées le long des aquéducqz de la Ville, du costé de Belleville-soubz-Sablon,* qui causeroient sans doubte la perte des eaües des fontaines publicques de la dicte Ville s'il n'y estoit promptement remedié ;

Nous, ouy ledict procureur du Roy et de la Ville en ses conclusions, Avons ordonné à Deleans, sergent de la Ville, de se transporter présentement sur les lieux assisté de quatre archers de la dicte Ville pour *prendre et amener prisonniers tous ceux qu'il trouvera travaillans esdictes tranchées,* et en cas de rébellion dresser son procès-verbal pour y estre faict droict ainsy que de raison. Mandons aussy à Pierre Le Maistre, maistre des œuvres de la Ville, de se transporter avec nombre suffisant d'ouvriers sur les lieux et en sa présence faire combler lesdictes tranchées ausquelz ouvriers sera donné exécutoire pour leur paiement allencontre de ceux qui ont faicts lesdictes entreprises au préjudice des ordonnances et réglemens de la dicte Ville.

• Confirméz par arrest de la cour de Parlement.

Faict au bureau de ladicte Ville, ce xxıe novembre mvıe quarante-cinq. Signé : Langlois, du Fresnois, Gaigny et de La Haye.

L'ordonnance ci-dessus est précédée d'un mandement ainsi conçu :

Pour l'exécution d'un jugement au village de Belleville.

De par les prévost des marchands et eschevins de la Ville de Paris, cappitaine Loison, lieutenant colonel des archers de la Ville, faictes trouver demain six heures du matin en l'Hostel de ladicte Ville quatre desdicts archers à cheval aiant leurs casaques et pistollets pour aller avec des sergens de ladicte Ville jusques au village de Belleville-soubz-Sablon, pour l'exécution d'un jugement rendu ce jourd'huy au bureau de la dicte Ville. Sy n'y faicte faulte. Donné au bureau de la Ville, ce vingt uniesme jour de novembre mil six cens quarante-cinq. Signé : Langlois, du Fresnois, Gaigny et de La Haye.

Pour faire ôter les fumiers et immondices de dessus les aqueducs des fontaines de cette Ville, et dedans les fosséz et chemins où passent les tuiaux desdictes fontaines.

3 août 1663.

Sur ce que le procureur du Roy et de la Ville nous a représenté que plusieurs laboureurs, vignerons et habitants de *Belleville-sur-Sablon et autres lieux circonvoisins* depuis cette Ville jusques audict lieu de Belleville, font journellement mettre au-dessus des acquéducs et canaulx des fontaines de cette dicte Ville quantités de fumiers qui incomodent les eaües passant par lesdictz acquéducs dans lesquelz ils se coullent et gastent lesdictes eaües, lesquelles d'ailleurs se sont trouvées putrifiées au sujet dès boues et immondices que les boueurs de cette dicte Ville ont faict et font journellement décharger dans les chemins où passent les thuyaux qui conduisent lesdictes eaues à Paris, au lieu de les conduire au débord et aux lieux à ce destinéz par les règlements ; y ayant encore des meneurs de gravois et entrepreneurs des basses œuvres qui deschargent les immondices et matières fécalles dans les fosséz d'icelle Ville et particulièrement aux endroicts où passent lesdictes eaues, en sorte que les bourgeois en reçoivent de l'incommodité, et ce désordre peut causer des maladies contagieuses et autres accidents ; et d'autant que ces entreprises sont autant de *contraventions aux règlements de police*, lesdicts laboureurs et vignerons ne pouvant pas mettre aucune chose sur lesdicts aquéducs des fontaines publiques qui appartiennent à ladicte ville, ny lesdicts meneurs de gravois et autre faire décharger lesdictes immondices et gravois ailleurs que dans les lieux à ce destinéz ; requéroit y estre pourveu ;

Nous, faisant droict sur lesdictes remontrances, Avons ordonné que les *fumiers et immondices qui sont à présent sur les aquéducs des fontaines de ladicte Ville et dans les fosséz et chemins où passent les tuyaux desdictes fontaines seront incessamment enlevées par ceux qui les y auront faict mettre et décharger ; sinon et à fault de ce faire ils seront ostéz aux dépens de la chose et desdicts particuliers propriétaires d'icelles*, à cette fin exécutoire sera délivré ; *faict deffenses à toutes personnes de plus à l'advenir mettre ny faire mettre aucunes immondices, fumiers, ordures ny gravois dans lesdits fosséz et lieux où passent les eaux desdictes fontaines et sur les acquéducs et thuyaux d'icelles, à peine de punition corporelle et* DE CINQ CENS LIVRES D'AMENDE *qui demeurera encouriie en vertu des présentes en cas de contravention.*

Ce qui sera exécuté nonobstant oppositions ou appellations quelconques faictes ou à faire, et affiché où besoing sera, mesmes publié aux prosnes des paroisses, à ce que nul n'en ignore.

Faict au bureau de la Ville, le troisiesme jour d'août mil six cens soixante-trois.

De ne jetter ni pousser dans les fossez, contrescarpes, et rampars et rues qui ont avenues et sur les lieux où passent les thuyaux des fontaines, aucunes ordures, terres, recoupes de pierre, fumiers et autres immondices.

14 juillet 1666.

De par les prévost des marchands et eschevins de la Ville de Paris ;

Sur ce que le procureur du Roy et de la Ville nous a remonstré que plusieurs personnes entreprennent de jetter et descharger des gravois, terres et fumiers et autres immondices, dans les fosséz de ladicte Ville, et le long des contr'escarpes d'iceux, mesmes dans les rues adjaçantes ; en sorte que les pluyes arrivant et se continuant font tomber lesdicts immondices èsdicts fosséz, qui se comblent et perdent leur forme, dont le publicq reçoit incommodité ; les égousts qui passent en iceux estans combléz et par ce moyens, les eaux et ordures s'arrestent, et causent des puanteurs qui infectent les passants ; joinct que pour curer lesdicts égousts, il convient faire une dépense extra-ordinaire à la surcharge de ladicte Ville, qui est nécessitée à cette occasion de faire curer et nettoyer lesdicts égousts et fosséz beaucoup plus souvent qu'elle ne ferait sy lesdictes immondices n'estoient ainsy apportées et jettées èsdicts lieux : et bien qu'il ayt esté cy-devant rendu plusieurs règlemens à ce suject, et parti-culièrement ès années mil six cens soixante-deux, et mil six cens soixante-trois, qui ont esté affichéz et publiéz partout où besoing a esté ; neanmoins l'on ne délaisse pas de continuer ces désordres, ce qui est arrivé particulièrement le long de la contr'escarpe des fosséz d'entre les portes Sainct-Anthoine et du Temple et rues adjacentes à ladicte contr'escarpe où il a esté jetté telle quantité de gravoys, fumiers et ordures, mesmes le long des chemins où les thuyaux des fontaines de ladicte Ville passent, que les eaux en sont putrifiées et peuvent se corrompre, s'il n'y est promptement pourveu ;

Nous, ayant égard auxdictes remontrances, Avons ordonné qu'il sera informé à la re-queste dudict procureur du Roy et de la Ville des contraventions faictes auxdicts règle-mens, pour l'information veue et rapportée y estre pourveu ainsy que de rayson ; *et faisons deffenses à toutes personne de jetter, n'y permettre estre jetté, n'y poussé dans les-*dicts fosséz, contr'escarpes, remparts, et rues qui ont avenües, et *sur les lieux où pas-sent les thuyaux des fontaines de ladicte Ville, aucunes ordures, terres, recouppes de pierre, fumiers et autres immondices, à peine de punition corporelle et cinq cens livres d'amende ;* pour laquelle en cas de contravention permettons anprisonner les contrevenans ; ordonnons que lesdicts gravoys et immondices seront incessamment ostéz par ceux qui les y ont faict décharger sur lesdicts lieux, sinon seront enlevéz à leurs dépens et exécutoire contre eux délivré.

Et sera la présente exécutée nonobstant oppositions ou appellations quelconques, faictes ou à faire, et sans préjudice d'icelles, et affichée ou besoing sera ; anjoignons aux huissiers de la Ville et autres officiers de police d'icelle d'y tenir la main à peine d'en répondre en leurs propres et privéz noms ;

Donné au bureau de la Ville, le quatorziesme jour de juillet mil six cens soixante-six.

Pour combler les puits que des particuliers qui ont maisons à Belleville et au Pré-Sainct-Gervais ont fait faire proche les pierrées qui reçoivent les eaux des fontaines publiques.

29 novembre 1669.

De par les prévost des marchands et eschevins de la Ville de Paris ;

Sur ce qui nous a esté remonstré par le procureur du Roy et de la Ville qu'il avait eu advis que plusieurs particuliers ayant des maisons à Belleville et au Pré-Sainct-Gervais avoient faict des puits proche les pierrés qui recevoient les eaux des fontaines publiques dont elles estoient notablement diminuées, requérant qu'il nous pleust y pourvoir;

Nous, ayant esgard ausdictes remonstrances, et ouy ledict procureur du Roy et de la Ville en ses conclusions, *Avons enjoinct à tous les particuliers ayant des maisons ausdicts villages susnommés qui ont faict faire des puits soit dans leurs maisons, jardins ou caves, le long des pierrés, aqueducs, thuyaux et conduits et à une distance moins que* DE TRENTE PIEDS *desdicts aquéducs et conduicts desdictes eaües publiques de les faire incessamment combler à peine* DE CINQ CENS LIVRES D'AMANDE *au payement de laquelle ils seront contraints par corps; Faict deffenses à toutes personnes de quelque qualité qu'elles soient de faire aucune fouille de terre qui puisse destourner en quelque sorte et manière que ce soit les eaües des fontaines publiques à peine de* MIL LIVRES *d'amande, mesme d'estre procédé* contre eux extraordinairement.

Et afin que personne n'en prétende cause d'ignorance, seront ces présentes publiées aux prosnes des messes parochialles de Pantin, Belleville et Pré-Saint-Gervais et exécutées nonobstant oppositions ou appellations quelconques faites ou à faire et sans préjudice d'icelles.

Faict au bureau de la Ville, le vingt-neuviesme novembre mil six cens soixante-neuf.

———————

A tous particuliers qui ont maisons et héritages au village du Pré-Saint-Gervais de ne faire aucunes fouilles ni tranchées près des regards, le long des pierrées, puizars et conduits des eaux des fontaines publiques.

14 mai 1670.

Sur ce qui nous a esté remonstré, par le procureur du Roi et de la Ville, que faisant, le jour d'hier, la visite des sources des fontaines publiques venant du Pré-Sainct-Gervais, nous aurions trouvé des ouvriers qui faisaient des fouilles pour trouver de l'eau pour conduire èz-maisons que quelques particuliers bourgeois avoient audict village, que ces fouilles étoient si profondes et si proches des regards des fontaines publiques, comme il paraissoit par le rapport que Michel Noblet, maistre des œuvres et garde des fontaines publiques de ladite Ville, en avait faict de nostre ordre, Et dans une scituation qui pouvait faire craindre que les eaües ne prissent leur cours par cet endroict qui estoit sur le panchant de la montagne; requérant, qu'il nous pleust, y pourvoir;

Nous, ayant esgard ausdictes remonstrances, veu le rapport dudict maistre des œuvres, du treize du présent mois, et ouy ledict procureur du Roy et de la Ville en ses conclusions, *Avons faict deffenses à tous les particuliers ayant des maisons et héritages audict village du Pré-Sainct-Gervais, de faire aucunes fouilles et tranchées, près des regards, le long des pierrées, puizarts et conduits des eaües des fontaines publiques de cette Ville, et en tout autre lieu où elles pourraient altérer les sources et les destourner de leur ancien cours;* enjoinct à ceux qui ont faict faire lesdictes fouilles et tranchées de les faire combler incessamment, et à cet effect d'y mettre ouvriers dans lundy prochain; autrement et à faute de ce faire dans ledict temps, et icelluy passé, seront lesdictes tranchées combiées, à la diligence dudict maistre des œuvres de la Ville, qui sera pour cet effect assisté de nombre suffisant d'archers de ladicte ville, à luy enjoinct de prendre telle quantité d'ouvriers qu'il conviendra pour remplir lesdictes fouilles et d'avancer les deniers pour le remboursement desquels luy sera exécutoire délivré.

Seront ces présentes signiffiées à la requeste dudit procureur du Roy et de la Ville, à ceux qui ont fait lesdictes entreprises, publiées au prosne de la Messe parrochia'e dudit village du Pré-Sainct-Gervais, et exécutées nonobstant oppositions et appellations quelconques faites ou à faire et sans préjudice d'icelles. Et en cas de contravention, et de résistance par les ouvriers préposés par lesdits bourgeois, permis d'emprisonner lesdits ouvriers.

Faict au bureau de la Ville, le quatorziesme jour de may mil six cens soixante-dix.

Renouvellement des anciens règlements qui défendent de faire aucune fouille de terre aux terroirs de Belleville, Pré-Saint-Gervais et autres lieux.

23 juillet 1670.

Sur ce qui nous a esté remonstré par le procureur du Roy et de la Ville que, *n'y ayant rien de plus utile pour le public que les bonnes eaües*, l'on auroit pu conserver à cette Ville toute la quantité que *les sources de Belleville et du Pré-Saint-Gervais* pourraient produire, *faict des deffenses par plusieurs règlements* à toutes personnes de faire des fouilles et tranchées aux terroirs de Belleville, Pantin et Pré-Saint-Gervais, de faire des puits près des pierrées, puisarts et regards desdites fontaines, et de planter aucuns arbres le long des conduits desdites sources; que pour esviter que les eaües contractassent quelque mauvaise qualité, l'on aurait aussy deffendu de mettre le long desdites pierrées et puisarts des fumiers ou autres immondices; qu'il estoit très-important pour la conservation des eaües desdites sources de *renouveller ces règlements*, requérant qu'il nous plust y pourvoir;

Nous, ayant esgard ausdites remonstrances et ouy ledit procureur du Roy et de la Ville en ses conclusions,

Avons ordonné que lesdits règlements seront exécutéz selon leur forme et teneur, ce faisant, fait deffenses à toutes personnes de faire faire aucune fouille de terre aux terroirs de Belleville, Pré-Saint-Gervais et autres lieux d'où proviennent les sources des fontaines publiques de ladite Ville SANS NOUS EN DONNER ADVIS AU PRÉALABLE AU BUREAU DE LA VILLE *et de faire faire aucuns puits prèz des pierrées, puisarts et regards,* A PEINE D'AMENDE *et d'estre lesdites fouilles et puits comblés à leurs dépens,* mesme en cas de contravention permettons d'emprisonner les ouvriers; *Faisons pareillement deffenses de planter aucuns arbres le long des pierrées, puisarts et conduits desdites sources, n'y d'amasser et mettre sur lesdites pierrées et puisarts aucuns fumiers et* DANS L'ESTENDUE DES BORNES QUE *nous avons faict planter pour marquer le cours desdites eaües publiques sous ladite peine d'amende et estre lesdits arbres ou fumiers ostés aux despens de ceux qui les y auront faict mettre.*

3

Seront ces présentes publiées ès prosnes des messes desdites Belleville, Pantin et Pré-Saint-Gervais et affichées aux portes des églises desdits lieux à ce qu'aucun n'en prétende cause d'ignorance et exécutées nonobstant oppositions ou appellations quelconques et sans préjudice d'icelles; attendu ce dont il s'agist.

Faict au bureau de la Ville, le vingt-troisième jour de juillet mil six cens soixante-dix.

De ne faire aucuns puits dans la distance de 10 toises des conduites.

8 octobre 1670.

Veu au bureau de la Ville le procès-verbal de M. Richer, conseiller, secrétaire du Roy, greffier en chef de la chambre des comptes, et de M. Jullien Gervais, antien eschevin, doyen des quartiniers de la dicte Ville, par nous commis pour avoir soing des conduites des eaux des fontaines provenant des sources de Belleville et Pré-Saint-Gervais, contenant que, s'estant, le 27 aoust dernier, transportés au village de Belleville, ils y auroient jaulgé les eaux et trouvé qu'il y avoit six à sept poulces d'eau, et estant venus ensuite au regard du Calvaire et ayant jaulgé lesdicts eaux, ils n'y en auroient trouvé que trois à quatre poulces, ce qui les auroit obligés, sur l'advis qui leur auroit esté donné que cette diminution pouvoit procedder des puits que les jardiniers de la Courtille auroient faits dans leurs marais, de se transporter dans les dicts marais, où ils auroient reconnu que les dits jardiniers avoient fait plusieurs puits le long de la conduite des dites eaux et à un pied de distance des thuyaux, qu'il leur estoit aysé de percer pour faire tomber l'eau dans leurs dits puits; *veu aussy les antiens règlements, portant deffenses de faire aucun puits ou tranchées près et le long des tranchées des eaux publiques, les deffenses par nous reytérées, en exécution des dits règlements, de faire des puits en des lieux qui puissent altérer les eaux des fontaines publiques, publiées et affichées*; et ouy le substitut du procureur du Roy et de la Ville en ses conclusions;

Nous avons ordonné que les puits que lesdits jardiniers ont fait construire proche et dans la distance de dix thoises des conduites des dites fontaines publicques seront incessamment comblés, à la diligence de Charles Clavier, l'un des huissiers de ladite Ville, et aux frais et dépens desdits jardiniers contre lesquels sera exécutoire dellivrée de la dépense qu'il aura convenu faire à cet effect; *faisons deffense à toutes personnes de faire faire aucunes fouilles ou tranchées près des sources des fontaines publicques ni aucuns puits, dans moindre distance que celle de dix thoises des conduites des fontaines publicques, à peine de cinq cents livres d'amende et de prison.*

Seront ces présentes signifiées et affichées partout où besoing sera, et exécutées nonobstant oppositions ou appellations quelconques faites ou à faire et sans préjudice d'icelles.

Faict au bureau de la Ville, le 8e jour d'octobre mil six cens soixante-dix.

Signé : LE PELLETIER.

Pour enjoindre de couper les arbres plantés le long des conduites.

13 mars 1671.

Sur ce qui nous a esté représenté par le procureur du Roy et de la Ville, qu'encore que par nostre ordonnance du 23 juillet dernier nous ayons enjoinct aux particuliers qui avoient faict planter des arbres, ès-terroirs de Belleville, Pantin et Pré-Saint-Gervais, le long des conduictes, pierrées, et proche les regards des eaues des fontaines publicques de cette Ville, provenant des sources estant dans l'estendue desdicts lieux, de faire incessamment couper les dicts arbres et en arracher les souches et racines qui empeschoient le cours des dictes eaües, les quelles pouvoient contracter quelque mauvaise qualité par les amas d'ordures que les dictes souches et racines causoient ; néanmoins les dicts particuliers n'auroient tenu compte d'y satisfaire et de faire couper et arracher les dicts arbres et racines, lesquels faisaient que la plus part des tuiaux et pierrées s'engorgeoient et que les eaues prenoient un autre cours et se perdoient ; à quoy il estoit nécessaire de pourvoir ;

Nous, ayant esgard aux dictes remonstrances, et ouy le procureur du Roy et de la Ville en ses conclusions, avons ordonné que nostre dicte ordonnance susdatée sera exécutée selon sa forme et teneur ; et en conséquence, *enjoignons à toutes personnes qui ont des arbres plantés le long des conduictes et pierrées des eaues des dites fontaines publicques de ladicte Ville, dans l'estendue des dicts territoires, de les faire incessamment couper et en oster et arracher les souches et racines empeschant le cours des dictes eaües ;* sinon, et à faute de ce faire, seront les dicts arbres coupés et les dictes souches et racines arrachées aux frais et dépens de ceux à qui il appartiendra et contre lesquels exécutoire sera délivré.

Seront ces présentes publiées ès-prosnes des dictes paroisses de Belleville, Pantin et Pré-Saint-Gervais, et affichées aux portes des églises des dicts lieux, à ce qu'aucuns n'en prétendent cause d'ignorance, et exécutées nonobstant oppositions ou appellations quelconques faites ou à faire et sans préjudice d'icelles.

Faict au bureau de la Ville, le treizième jour de mars mil six cens soixante-onze.

Itérative défense de faire aucuns puits.

23 mai 1671.

Sur ce qui nous a esté remonstré par le procureur du Roy et de la Ville, qu'il avait eu advis que plusieurs habitans des villages de Belleville et du Prez-Saint-Gervais avoient, au préjudice des deffenses publiées aux prosnes des messes paroissiales desdits villages des mois de juillet et d'octobre mil six cens soixante-dix, faict faire de nouveaux puits le long et proche des sources et conduictes des eaüs des fontaines publicques de ladicte Ville qui pouvoient affoiblir lesdictes eaües ; requérant qu'il nous pleust y pourvoir ;

Nous, ayant esgard auxdictes remonstrances, et ouy ledict procureur du Roy et de la Ville en ses conclusions, *avons faict itératives deffenses aux dicts habitants des villages de Belleville et Prez-Saint-Gervais de faire aucuns nouveaux puits, à peine de cent livres d'amende et d'estre lesdicts puits comblez à leurs frais et despens ;* et en cas de contravention, permis d'emprisonner les contrevenants ; ordonnons en oultre que tous les puits qui auront été faicts dans les territoires desdicts villages et proche des conduits, puisarts et regards des dictes fontaines publicques, depuis nos dictes deffenses, seront comblés à la diligence de Jean Pinet, l'un des huissiers de la Ville, qui pourra se faire assister de tel nombre d'archers qu'il conviendra et avancera les deniers nécessaires pour le payement des ouvriers qu'il préposera, pour le remboursement desquelles avances lui sera exécutoire délivré.

Seront ces présentes publiées aux prosnes des messes paroissialles desdicts Belleville et Prez-Sainct-Gervais, et exécutées nonobstant oppositions ou appellations quelconques faictes ou à faire et sans préjudice d'icelles.

Faict au bureau de la Ville, le vingt-trois mai mil six cens soixante-onze.

Commission pour couper et arracher d'office les arbres et haies.
7 août 1671.

Sur ce qui nous a esté remonstré par le procureur du Roy et de la Ville, qu'encore que par nos ordonnances cy-devant rendues nous ayons enjoinct aux habitans et propriétaires des terres et héritages dans lesquels passent les pierrées et conduictes des eaues provenant des sources de Belleville et Prez-Saint-Gervais, de faire couper les arbres et haies plantés sur et le long des dictes pierrées et conduictes et d'en arracher les racines, néanmoins plusieurs desdicts particuliers n'y auroient point satisfaicts, et d'autant que les dictes racines passant et traversant les dictes pierrées et conduictes causoient des amas d'ordures et queues de renard qui arrestoient le cours des dictes eaues et les infectoient, requérant qu'il nous pleust commettre quelques personnes pour couper et arracher les dicts arbres et racines qui se trouveront proche et dedans les dictes conduictes et pierrées ;

Nous, ayant égard aux dictes remonstrances, et ouy le dict procureur du Roi et de la Ville en ses conclusions, avons commis et commettons par ces présentes Michel Boelle, demeurant audict Belleville, pour, en exécution des dictes ordonnances, couper et arracher tous les arbres et haies qu'il trouvera estre plantés sur et le long des dictes pierrées et conduiotes des dictes eaues, et d'en oster et enlever les racines qui empeschent le cours desdictes eaües et les infectent, et à cet effet, de faire toutes les fouilles nécessaires ès-lieux où il conviendra.

Seront ces présentes exécutées nonobstant oppositions ou appellations quelconques faictes ouà faire et sans préjudice d'icelles.

Fait au bureau de la Ville, le septiesme jour d'août mil six cens soixante-onze.

Pour combler des puits construits dans le terroir de Belleville près des pierrées, puisarts et autres conduites des eaux publiques.

16 septembre 1678.

Veu au bureau de la Ville le procès-verbal des sieurs Vinx et Levesque, eschevins, contenant que s'estant transportez avec le sieur Piquet, autre eschevin, par nous commis pour avoir inspection sur les fontaines publiques au village de Belleville, pour connoistre l'estat des sources qui viennent à Paris de ce costé et les causes de la grande diminution des eaues, et s'y elles n'étoient point destournées ou affoiblies par la construction de quelques puits faicts en contravention des arrests et règlements, ils seroient entréz dans la maison et jardin de Simon Chaudron pour visiter le regard construit au dit lieu et auroient trouvé que dans la maison dudit Chaudron il y avoit deux puids dont l'un n'estoit qu'à trois toises de distance de la conduite des thuyaux publicqs, que ledict puid avoit neuf pieds d'eau, et que cette eaue pouvoit facilement estre menée dans lesdits thuyaux publicqs, y ayant pente suffisante, et qu'en faisant quelque travail au lieu où il y a à présent une marre formée de plusieurs sources on pourroit encore augmenter par cette recherche les eaux publicques, dont la diminution d'ailleurs estoit causée par le grand nombre des puids que des habitants dudit Belleville avoient faict construire ; et ouy le substitut du procureur du Roy et de la Ville en ses conclusions sur le contenu au dit procès-verbal.

Nous avons ordonné que les arrests et règlemens rendus pour la conservation des eaues des fontaines publiques de la dite Ville seront exécutéz selon leur forme et teneur, ce faisant que les puits construits dans le terroir du dit Belleville prest des pierrées, puisards et autres conduites des eaues publiques et quy pourroient altérer ou diminuer les dites eaues seront incessamment comblez en présence desdits sieurs de Vinx et Levesque quy se feront assister à cet effet des archers de ladite Ville, et que par leurs ordres il sera incessamment mis ouvriers pour faire conduire dans les thuyaux publicqs les eaues quy se trouvent en la maison et jardin du dit Chaudron. Et avant que faire faire la recherche des eaues de ladite marre, avons ordonné qu'il en sera pris des essays pour estre goustéz par deux médecins et connoistre sy elles sont salubres et de bonne qualité, dont sera pareillement dressé procès-verbal, et, sur icelui, ordonné ce qu'il appartiendra.

Seront ces présentes exécutées nonobstant oppositions ou appellations quelconques faites ou à faire et sans préjudice d'icelles.

Faict au bureau de la Ville, le seiziesme jour de septembre mil six cens soixante-dix-huit.

Pour démolir les murs qui enclosent une pierrée et combler aussi un puits au village de Belleville.

24 novembre 1678.

Veu au bureau de la Ville le procès-verbal des sieurs Vinx et Levesque, eschevins à ce commis, du quinze du présent mois, contenant que s'estant le dit jour transporté avec le procureur du Roy et greffier de la dite ville au village de Belleville, pour faire la recherche des eaues des fontaines publiques et visiter les travaux quy estoient fait à cet effet, ils auroient trouvé que damoiselle De la Forge avoit faict enclore une pièce de terre, dans laquelle passe une pierrée des eaues publiques, en laquelle pièce de terre et joignant la dite pierrée il y avait un puit, dans lequel les eaues de la dite pierrée s'escouloient, que l'entreprise de la dite damoiselle De la Forge estoit d'autant plus à réprimer, qu'elle ne pouvoit pas ignorer que la dite pierrée passat dans son héritage, y ayant une borne aux armes de la Ville pour la faire connoistre, ainsi qu'aux autres endroits où sont les conduites des eaues publiques, de laquelle borne elle s'estoit mesme servie pour faire une des pierres de la mardelle dudit puit; et ouy le dit procureur du Roy et de la Ville en ses conclusions; attendu que par la disposition du droit commun il est deffendu d'enclore les lieux destinéz pour le public, et que par les arrests de la Cour de Parlement il est deffendu de faire aucuns ouvrages de fouilles des terres et des puits proches des pierrées et autres conduites des eaues publiques;

Avons *ordonné* que ladite damoiselle De la Forge sera assignée à la requeste du dit procureur du Roy et de la Ville pour respondre aux conclusions qu'il voudra contre elle prendre pour ladite entreprise, et cependant *que les murs qu'elle a faict faire et qui enclosent la dite pierrée seront démolis, et ledit puit comblé,* s'il ne peut servir de puisard pour les dites eaues publiques.

Seront ces présentes signifiées à la dite damoiselle De la Forge, et exécutées nonobstant oppositions ou appellations quelconques faites ou à faire et sans préjudice d'icelles, attendu ce dont il s'agist.

Faict au bureau de la Ville, le vingt-quatriesme jour de novembre mil six cens soixante-dix-huit.

Conseil d'État. — Décisions au contentieux.

Affaire Pommier. — 1ᵉʳ juin 1849.

AU NOM DU PEUPLE FRANÇAIS,

Le Conseil d'Etat, section du contentieux ;

Vu la requête présentée au nom du sieur Pommier, propriétaire, demeurant à Belleville, rue de la Villette, nᵒˢ 15 et 17, ladite requête enregistrée au secrétariat général du conseil d'Etat le 25 mars 1844, et tendant à ce qu'il plaise au conseil d'Etat annuler comme incompétemment rendu un arrêté du conseil de préfecture de la Seine en date du 23 septembre 1843, qui a condamné le requérant à faire supprimer les constructions établies par lui ou ses auteurs sur la portion de l'aqueduc de Belleville qui traverse sa propriété ; ce faisant, renvoyer le préfet de la Seine à se pourvoir devant qui de droit ; subsidiairement, au fond, annuler l'arrêté attaqué et rejeter la demande formée au nom de la Ville de Paris ; en tout cas, condamner le préfet de la Seine aux dépens ; enfin donner acte à l'exposant des réserves expresses qu'il fait de demander la suppression des aqueducs, tuyaux et pierrées qui auraient été établis sous sa propriété sans sa permission ni celle de ses auteurs, comme aussi, dans le cas où la servitude serait maintenue, de réclamer l'indemnité qui lui serait due, sous toutes réserves de fait et de droit ;

Vu l'arrêté attaqué ;

Vu la lettre du préfet de la Seine en réponse à la communication qui lui a été donnée du pourvoi, ladite lettre enregistrée comme dessus le 5 juillet 1845, et concluant au rejet du pourvoi ;

Vu le mémoire en réplique présenté au nom du requérant, ledit mémoire enregistré comme dessus le 18 décembre 1845, et tendant aux mêmes fins que la requête ci-dessus visée ;

Vu la production faite au nom du requérant d'un plan figurant les servitudes prétendues sur diverses propriétés sises à Belleville, ladite production enregistrée comme dessus le 18 mars 1846 ;

Vu les observations du ministre des travaux publics, lesdites observations enregistrées comme dessus le 30 novembre 1846 ;

‘ Ensemble toutes les pièces jointes au dossier ;

Vu les anciens édits et règlements sur les eaux de Paris, et notamment :

Un édit du roi Charles VI du 9 octobre 1392 ;

Les lettres patentes en date du 14 mai 1554 ;

L'arrêt du conseil en date du 23 juillet 1594 ;

. Les lettres patentes en date du 15 octobre 1601, qui permettent aux prévost et échevins de la Ville de Paris de faire creuser, fouiller et retrancher par tous les héritages qu'il conviendrait, tant pour faire les pierrées, regards et réservoirs à eaux que pour les canaux et tuyaux dans et au travers d'iceux....., et ce tant dans la Ville de Paris qu'ès environs et en tous lieux où seront trouvées les eaux disposées et sera de besoin.....; défendant à toutes personnes de les y troubler ou empêcher les ouvriers qui y seront employés .....; de ce faire donnant pouvoir et autorité auxdits prévost et échevins....., voulant que tout ce qui sera par eux fait ou ordonné pour ce regard soit promptement exécuté.....; défendant et interdisant à tous juges et officiers quelconques de prendre aucune connaissance et juridiction des faits ci-dessus, circonstances et dépendances qui avaient été et étaient attribuées aux susdits prévost des marchands et échevins privativement à tous autres;

Vu les lettres patentes en date des 19 décembre 1608, 4 et 7 décembre 1612;

L'édit du 21 juin 1624;

L'arrêt du conseil du 3 octobre 1625;

Les lettres patentes du 26 mai 1635;

L'arrêt du conseil du 26 novembre 1666;

Vu les ordonnances du bureau de la Ville, en date des 28 novembre 1633, 28 mai 1636, 6 et 21 novembre 1645, 3 août 1663, et notamment celle en date du 14 juillet 1666, qui fait défense à toutes personnes de ne plus à l'avenir jeter ni pousser aucunes ordures, terres, fumiers et autres immondices dans les fossés et sur les lieux où passent les eaux des fontaines;

Vu les ordonnances du même bureau, en date des 28 novembre 1699, 14 mai 1670, 13 mars, 23 mai et 7 août 1671, 16 et 24 septembre 1678;

Vu celle, notamment, du 23 juillet 1670, qui fait défense à toutes personnes de faire aucune fouille de terre aux terroirs de Belleville, Prés-Saint-Gervais et autres lieux d'où proviennent les sources des fontaines publiques de la Ville de Paris, de faire faire aucuns puits, pierrées, puisards et regards, comme aussi de planter aucuns arbres le long des pierrées, puisards et conduits desdites sources, ni d'amasser et mettre sur lesdites pierrées aucuns fumiers;

Vu les lois du 1er janvier 1790, des 19-22 juillet 1791;

Vu celles du 28 pluviôse an VIII, du 29 floréal an X et le décret du 4 septembre 1807;

Ouï M. Gomel, maître des requêtes, en son rapport;

Ouï Me Favre, avocat du sieur Pommier, en ses observations;

Ouï M. Vuitry, maître des requêtes, commissaire du gouvernement, en ses conclusions,

Sur la compétence :

Considérant qu'aux termes des lettres patentes du 15 octobre 1601, du 26 mai 1635 et de l'arrêt du 26 novembre 1666, toutes les contestations relatives aux fontaines et aqueducs de Paris avaient été réservées au Roi en son conseil;

Que, par le décret du 4 septembre 1807, les eaux des pompes à feu de Chaillot et du Gros-Caillou, celles des pompes hydrauliques de Notre-Dame et de la Samaritaine, celle des Prés-Saint-Gervais, Rungis et Arcueil, et celles du canal de l'Ourcq, ont été réunies en une seule administration placée sous la surveillance du directeur général des ponts et chaussées et sous l'autorité du ministre de l'intérieur;

Que ces diverses eaux, conduites dans Paris à l'aide de travaux d'art et de canaux artificiels, ne sont point soumises aux règles et juridictions ordinaires en matière de cours d'eau privés; qu'elles dépendent du domaine public et font partie de la grande voirie;

Considérant qu'aux termes de la loi du 28 pluviôse an VIII et de la loi du 29 floréal an X, il appartient aux conseils de préfecture de prononcer sur les contestations en matière de grande voirie, et qu'ainsi le conseil de préfecture de la Seine était compétent pour statuer sur la prétendue contravention reprochée au sieur Pommier;

Au fond :

Considérant que la loi des 19-22 juillet 1791 (art. 29) a maintenu les anciens règlements relatifs à la voirie;

Considérant qu'aux termes des ordonnances du bureau de la Ville, et notamment de celles en date des 28 novembre 1633, 6 novembre 1645, 3 août 1663, 14 juillet 1666, 14 mai et 23 juillet 1670, il a été fait défense aux propriétaires de Belleville de pratiquer aucunes fouilles, de faire aucuns dépôts, de planter aucuns arbres sur et le long des aqueducs traversant leurs propriétés pour la conduite des eaux dans Paris;

Considérant qu'aux termes des édits, lettres patentes et arrêts du conseil ci-dessus visés, et notamment des lettres patentes du 15 octobre 1601, le bureau de la Ville de Paris avait droit et qualité pour prendre toutes les mesures, faire tous les règlements de voirie nécessaires à la conservation des eaux de Belleville et des Prés-Saint-Gervais, à l'entretien des ouvrages d'art servant à les conduire dans Paris;

Qu'ainsi les constructions élevées par le sieur Pommier ou par ses auteurs sur les portions de l'aqueduc de Belleville traversant sa propriété constituent une contravention permanente, dont la répression, quel que soit le laps de temps, peut être poursuivie dans l'intérêt, toujours subsistant, de la conservation des eaux, et que c'est avec raison que le conseil de préfecture a ordonné la suppression desdites constructions;

Décide :

ART. 1er.

La requête du sieur Pommier est rejetée.

ART. 2.

Expédition de la présente décision sera transmise au ministre de l'intérieur.

La présente décision a été délibérée dans la séance du 18 mai 1849, où siégeaient M. Cormenin, président de la section du contentieux, et MM. Macarel, de Jouvencel, Marchand, Bouchené Lefer, Landrin, Paravey, de Chasseloup-Laubat, Hély-d'Oissel, conseillers d'Etat.

La présente décision a été lue en séance publique, le 1er juin 1849.

Signé à la minute :

Le Président de la section du contentieux,
CORMENIN.

Le Maître des requêtes, rapporteur,
GOMEL.

Le Secrétaire du contentieux,
Ph. PIERSON.

Enregistré à Paris, le 8 juin 1849, folio 42, case 3; reçu 27 fr. 50 c., dixième compris. Signé : PÉAN-LACROIX.

La République mande et ordonne au ministre de l'intérieur, en ce qui le concerne, et à tous huissiers à ce requis, en ce qui concerne les voies du droit commun contre les parties privées, de pourvoir à l'exécution de la présente décision.

Pour expédition conforme :

Le Secrétaire général du Conseil d'État,
Signé : Prosper HOCHET.

Affaire Clausse. — 18 janvier 1851.

Le Conseil d'État, section du contentieux ;

Vu la requête présentée par la dame Clausse, demeurant à Belleville, rue de Paris, nᵒˢ 64, 66 et 68, ladite requête enregistrée au secrétariat général du conseil d'Etat le 15 mai 1847, et tendant à ce qu'il plaise annuler comme incompétemment rendu un arrêté du conseil de préfecture de la Seine en date du 1ᵉʳ février 1847, qui a condamné la requérante à supprimer les constructions et les plantations indûment établies sur les pierrées et conduites dépendantes de l'aqueduc de Belleville, qui traversent sa propriété ; ce faisant, renvoyer le préfet de la Seine à se pourvoir devant qui de droit ; subsidiairement, au fond, annuler l'arrêté attaqué et rejeter la demande formée au nom de la Ville de Paris ; en tout cas, condamner le préfet de la Seine aux dépens ; enfin donner acte à l'exposante des réserves expresses qu'elle fait de demander la suppression des aqueducs, tuyaux et pierrées qui auraient été établis sous sa propriété sans sa permission ni celle de ses auteurs, comme aussi, dans le cas où la servitude serait maintenue, de réclamer l'indemnité qui lui serait due, sous toutes autres réserves de fait et de droit ;

Vu l'arrêté attaqué ;

Vu les observations du préfet de la Seine, en réponse à la communication qui lui a été faite du pourvoi, lesdites observations enregistrées au secrétariat du contentieux du Conseil d'Etat le 21 mai 1850 ;

Vu les anciens édits et règlements sur les eaux de Paris, et notamment :

Un édit du roi Charles VI du 9 octobre 1392 ;

Les lettres patentes en date du 14 mai 1554 ;

L'arrêt du conseil en date du 23 juillet 1594 ;

Les lettres patentes en date du 15 octobre 1601, qui permettent aux prévost et échevins de la Ville de Paris de faire creuser, fouiller et retrancher par tous les héritages qu'il conviendrait, tant pour faire les pierrées, regards et réservoirs à eaux, que pour les canaux et tuyaux dans et au travers d'iceux , et ce tant en la Ville de Paris qu'ès environs et en tous lieux où seront trouvées les eaux disposées et sera de besoin.....; défendant à toutes personnes de les y troubler ou empêcher les ouvriers qui y seront employés; de ce faire donnant pouvoir et autorité auxdits prévost et échevins.....; voulant que tout ce qui sera par eux fait ou ordonné pour ce regard soit promptement exécuté.....; défendant et interdisant à tous juges et officiers quelconques de prendre aucune connaissance et juridiction des faits ci-dessus, circonstances et dépendances qui avaient été et étaient attribuées aux susdits prévost des marchands et échevins privativement à tous autres ;

Vu les lettres patentes én date des '16 décembre 1608, 4 et 7 décembre 1611 ;

L'édit du 21 janvier 1624 ;

L'arrêt du conseil du 3 octobre 1625 ;

Les lettres patentes du 26 mai 1635 ;

L'arrêt du conseil du 26 novembre 1666 ;

Vu les ordonnances du bureau de la Ville, en date des 18 novembre 1633, 28 mai 1636, 6 et 21 novembre 1645, 3 août 1663, et notamment celle en date du 14 juillet 1666, qui fait défense à toutes personnes de plus à l'avenir jeter ni pousser aucunes ordures, terres, fumiers et autres immondices dans les fossés et sur les lieux où passent les eaux des fontaines ;

Vu les ordonnances du même bureau, en date dés 28 novembre 1669, 14 mai 1670, 13 mars, 23 mai et 7 août 1671, 16 et 24 septembre 1678 ;

Vu celle, notamment, du 23 juillet 1670, qui fait défense à toutes personnes de faire aucune fouille de terre aux terroirs de Belleville, Pré-Saint-Gervais et autres lieux d'où proviennent les sources des fontaines publiques de la Ville de Paris, de faire aucuns puits, pierrées, puisards et regards, comme aussi de planter aucun arbre le long des pierrées, puisards et conduits desdites sources, ni d'amasser et mettre sur lesdites pierrées aucun fumier ;

Vu les lois du 1er janvier 1790, du 19-22 juillet 1791 ;

Vu celles du 28 pluviôse an VIII, du 29 floréal an X, et le décret du 4 septembre 1807 ;

Ouï M. de Bussière, maître des requêtes, en son rapport ;

Ouï Me Fabre, avocat de la dame Clausse, en ses observations ;

Ouï M. Vuitry, maître des requêtes, suppléant du commissaire du gouvernement, en ses conclusions ;

Sur la compétence :

Considérant qu'aux termes des lettres patentes du 15 octobre 1601, du 26 mai 1635 et de l'arrêt du 26 novembre 1666, toutes les contestations relatives aux fontaines et aqueducs de Paris avaient été réservées au Roi en son conseil ;

Que, par le décret du 4 septembre 1807, les eaux des pompes à feu de Chaillot et du Gros-Caillou, celles des pompes hydrauliques de Notre-Dame et de la Samaritaine, celles des Prés-Saint Gervais, Rungis et Arcueil, et celles du canal de l'Ourcq, ont été réunies en une seule administration placée sous la surveillance du directeur général des ponts et chaussées et sous l'autorité du ministre de l'intérieur ;

Que ces diverses eaux, conduites dans Paris à l'aide de travaux d'art et de canaux artificiels, ne sont point soumises aux règles et juridictions ordinaires en matière de cours d'eau privés ; qu'elles dépendent du domaine public et font partie de la grande voirie ;

Considérant qu'aux termes de la loi du 28 pluviôse an VIII et de la loi du 29 floréal an X, il appartient aux conseils de préfecture de prononcer sur les contestations en matière de grande voirie, et qu'ainsi le conseil de préfecture de la Seine était compétent pour statuer sur la contravention reprochée à la dame Clausse ;

Au fond :

Considérant que la loi des 19-22 juillet 1791 (art. 29) a maintenu les anciens règlements relatifs à la voirie ;

Considérant qu'aux termes des ordonnances du bureau de la Ville, et notamment de celles en date des 28 novembre 1633, 3 août 1663, 14 juillet 1666, 14 mai et 23 juillet 1670, il a été fait défense aux propriétaires de Belleville de pratiquer aucune fouille, de faire aucun dépôt, de planter aucun arbre sur et le long des aqueducs traversant leurs propriétés pour la conduite des eaux dans Paris ;

Considérant qu'aux termes des édits, lettres patentes et arrêts du conseil ci-dessus visés, et notamment des lettres patentes du 15 octobre 1601, le bureau de la Ville de Paris avait droit et qualité pour prendre toutes les mesures, faire tous les règlements de voirie nécessaires à la conservation des eaux de Belleville et des Prés-Saint-Gervais, à l'entretien des ouvrages d'art servant à les conduire dans Paris ; qu'ainsi les constructions et les plantations établies par la dame Clausse sur les portions de l'aqueduc de Belleville traversant sa propriété constituent une contravention permanente dont la répression, quel que soit le laps de temps, peut être poursuivie dans l'intérêt toujours subsistant de la conservation des eaux, et que c'est avec raison que le conseil de préfecture a ordonné la suppression desdites constructions et plantations ;

Décide :

ART. 1er.

La requête de la dame Clausse est rejetée.

ART. 2.

Expédition de la présente décision sera transmise aux ministres de la justice et de l'intérieur.

Délibéré dans la séance du 11 janvier 1851, où siégeaient MM. Maillard, président; Marchand, Bouchené-Lefer, Carteret, Paravey, Hély-d'Oissel, de Saint-Aignan, conseillers d'Etat.

Lu en séance publique le 18 janvier 1851.

Le Président de la section du contentieux,
Signé : Ch. MAILLARD.

Le Maître des requêtes, rapporteur,
Signé : Léon DE BUSSIÈRE.

Le Secrétaire du contentieux,
Signé : Ph. PIERSON.

Enregistré à Paris, le 23 janvier 1851, folio 183, case 1. Reçu vingt-sept francs cinquante centimes. Signé : HÉNISSART.

La République mande et ordonne au ministre de l'intérieur, en ce qui le concerne, et à tous huissiers à ce requis, en ce qui concerne les voies de droit commun contre les parties privées, de pourvoir à l'exécution de la présente décision.

Pour expédition conforme :
Le Secrétaire général du Conseil d'Etat,
Signé : Prosper HOCHET.

CONCESSIONS GRATUITES

Edit du roi Charles VI, qui supprime les concessions d'eau faites aux particuliers.

9 octobre 1392.

CHARLES, par la grace de Dieu, roy de France, savoir faisons à tous présens et avenir, que comme entre les autres cures et solicitudes que nous avons pour *bien gouverner noz subgiez et la chose publique de nostre Royaume*, nous aions singulière affeccion, entente et volonté, que nostre bonne *Ville de Paris en laquelle est nostre principal siège de nostredit Royaume* soit bien gouvernée, et que nostre bon et loyal pueple d'icelle se accroisse tousjours et soit aisié de ce qui lui est nécessaire à la sustentacion de leurs vies; car de tant comme elle sera mieulx pueplée et habitée de plus de gens, et que à nostredit pueple sera mieulx pourveu de ce qui est nécessaire pour leur sustentacion, la renommée d'elle sera plus grant, laquelle renommée redonde à *l'augmentacion de nostre gloire et exultacion de nostre hautesse et seigneurie;* et comme par la voix publique de nostredit pueple de nostredicte bonne Ville nous ait esté insinué à grant clameur, que combien que par la grant amour et faveur que noz prédécesseurs Roys ont eu toujours à nostre-dicte Ville et au pueple d'icelle, *certains conduiz ou tuiaux aient esté ordenez par l'auctorité de noz diz prédécesseurs, de tel et si longtemps qu'il n'est mémoire du contraire,* pour faire venir et descendre les eaues de certaines fontaines en *aucuns lieux publiques* de nostre-dicte Ville, pour subvenir à la nécessité de nostredit pueple, espécialement aux lieux nommez la fontaine *Saint-Innocent,* la fontaine *Maubué,* et la fontaine *des Halles* de nos-tredicte Ville, esquelz lieux les eaues souloient venir à tele et si grand habondance, que nostredit pueple, espécialement celli qui habite environ lesdiz lieux qui sont loing de la rivière de Saine et d'autres eaues convenables à boire et à user pour vivre, en estoit nourri et soustenu ; *néantmoins aucunes personnes qui ont eu auctorité devers noz diz pré-décesseurs et nous, lesqueles ont fait édifier grans et notables hostelz et édifices en nostredicte Ville, ont obtenu de nosditz prédécesseurs et nous* PAR LEURS PUISSANCES ET IMPORTUNITEZ, OU SOUBZ UMBRE D'AUCUNS ESTATS OU OFFICES QU'ILZ ONT EUZ *envers nosditz prédécesseurs et nous ou autrement, licence de prendre et appliquer aux singuliers usages d'eulx et de leursdiz hostelz plusieurs parties des eaues* venans aux lieux dessus declerez; et sur ce ont obtenu, comme l'en dit, lettres de nosdiz prédécesseurs et de nous, faites en laz de soye et cire vert, soubz umbre desqueles licence et lettres ilz ont fait en plusieurs lieux parcier les conduiz et tuiaux par lesquels lesdictes eaux ont accoustumé venir aux lieux dessusdiz, et ont fait faire conduiz et tuiaux pour aler en leursdiz hostelz, dont par ce les eaues, qui avoient accoustumé venir auxdits *lieux publiques,* ont esté sy apéticiés, que en aucuns dediz lieux sont devenues du tout à nient, et en autres en tele diminucion que à peines en y vient-il point; pour quoy plusieurs personnes qui souloient habiter environ yceulz lieux, pour la nécessité d'eaues qu'ilz avoient, ont lessié nostredicte Ville et sont alez habiter ailleurs, et ceulx qui y sont demourez ont pour ce souffert par longtemps et encores sueffrent très-grand misère; et convient que à très-grant travail et coust aient de l'eaue de ladite rivière de Saine pour leur sustentacion; laquelle chose a esté et est *faicte en grant lésion et détriment* DE LA CHOSE PUBLIQUE de nostredicte Ville, et en grant diminucion de nostre pueple d'icelle; et laquelle, quant elle est venue à nostre cognoissance, nous a moulte despleu et non sans cause :

Pourquoy Nous, voulans tousjours pourveoir à l'accroissement de nostredit pueple de nostredicte Ville, et semblablement aux nécessitez d'icelli, espécialement à ceste qui touche la sustentacion de leurs vies, eu sur ce advis et délibéracion avecques nos très-chiers et très-amez oncles et frère les ducs de Berry, de Bourgogne, d'Orléans et de Bourbon, et autres de nostre Sanc, AVONS ORDENÉ ET VOULONS ET ORDENONS de nostre certaine science par ces présentes, *que les conduys et tuyaux desdictes eaues soient restituez et remis en l'estat en quoy ils souloient estre d'ancienneté, par telle manière que les eaux puissent venir continuellement aux lieux publiques* dessusdiz en tele habondance, se faire se peut, comme elle souloit faire, si que les lieux d'environ yceulx puissent estre plus pueplés et habitez, et que le pueple qui y habitera en puist avoir à souffisant habondance, et *que tous autres conduis* et tuyaux faiz pour divertir lesdictes eaues ou les apeticier comment que ce soit *soient du tout rompus ou cassés*, si que par ce ne puist plus venir empeschement aux principaulx conduis par lesquelz lesdictes eaux vont aux *lieux publiques* dessus declerez; et de nostredicte science, et par l'avis et conseil de nozdiz oncles et frère et autres de notre Sanc, *avons rappellé, cassé, anullé et revoquié,* RAPPELLONS, CASSONS, ANULLONS ET REVOQUIONS *du tout tous privilleges, toutes graces, licences, dons, octroys, permissions, souffrances et usagez obtenus et obtenues par l'auctorité de nozdiz prédécesseurs et de nous ou autrement par quelques personnes que ce ait esté ou soit, de quelque auctorité que ilz usent ou aient usé ;* excepté en tant comme touche nous et nozdiz oncles et frère de Berry, de Bourgogne, d'Orléans et de Bourbon, pour nos hostelz et les leur assis en nostredicte Ville de Paris ; *et toutes lettres sur ce faictes soubz quelque fourme de paroles ne pour quelconques causes et considéracions que elles aient esté et seront faictes,* excepté celles que ont obtenues nozdiz oncles et frère, ou leurs prédécesseurs qui paravant eulx ont tenus leurditz hostels, avons ordené, voulons et *déclarons estre de nul effect, comme empétrées et obtenues* PAR IMPORTUNITÉ ET CONTRE LE BIEN PUBLIQUE *de nostre dicte Ville de Paris; et se il avenoit que au temps avenir nous donnissions licence, chartres ou lettres quelconques à aucunes personnes, de avoir aucuns conduis ou tuyaux ou aucune partie de l'eaue des fontaines dessusdictes, ainsi comme nozdiz prédécesseurs et nous avons fait au temps passé, nous, considéré que telz dons sont très-préjudiciables et contraires au bien et utilité de la chose publique de nostredicte Ville, voulons, ordenons et déclarons dès maintenant pour lors que à ladicte licence ne à noz lettres que sur ce octroyeriens ne soit aucunement obey ;*

Et pour ce que nous desirons moult noz presente volonté et ordenance estre mises à exécucion, Nous mandons et enjoignons si expressément que plus povons et commettons par ces présentes à nostre *procureur général en nostre parlement, au prévost de Paris et au commis à gouverner l'office de la prévosté des marchands de nostredicte Ville,* ou à leurs lieuxtenans présens et avenir, et à chascun d'eulx, que nos volenté et ordenance dessus déclarées mettent à exécucion de fait présentement et le plutost que faire se pourra, *sans aucune faveur ou delay, et sans recevoir aucuns à opposition, ne déférer à appellacion ou appellacions que quelconques personnes de quelques estat ou auctorité que elle soit, face ou vuille faire* pour occasion des choses dessusdictes ; et icelles nos volenté et ordenances tiennent et gardent ou facent tenir et garder à tousjours, par telle manière que nostredit pueple n'ait jamais cause de pour ce faire aucune clameur par devers nous ; mandons aussi à tous nos justiciers, officiers et subgiez, que auxdiz commiz et à leurs députez ès choses dessusdictes et ès deppendances obéissent et entendent diligemment. Et pour que ce soit ferme chose et estable à tousjours, nous avons fait mettre à ces Lettres notre séel.

Donné à Saint-Denis en France, le neuvième jour d'octobre, l'an de grace mil trois cent quatre-vingt et douze, et le treizième de nostre règne. Ainsi signées en la marge de dessoubz par le roy ; présens : Mess. les ducs de Berry, de Bourgogne et d'Orléans, et de Bourbon, le sire de Coucy, le vicomte de Meleun et autres. J. DE SANCTIS.

Collacion faite à l'original séellé à double queue à las de soye et cire vert, par moi G. BOUART.

(Ordonnances des rois de France, vol. VII, p. 510.)

Lettres patentes du roi Henri II, qui ordonne la suppression des fontaines particulières.

14 mai 1554.

« HENRI, par la grâce de Dieu, roi de France, à nos très-chers et bien-aimés les prévôt des marchands et échevins de notre bonne Ville de Paris, salut. Comme après avoir été duement avertis qu'en plusieurs maisons, tant en notre Ville qu'ès environs, y avait des fontaines particulières prises et dérivées des tuyaux et canaux des fontaines destinées pour le public, vous eussiez ordonné voir les lettres, titres et renseignements par lesquels les propriétaires desdites maisons prétendent permission leur avoir été donnée d'avoir et tenir lesdites fontaines par nous ou nos prédécesseurs, ou par vous ou vos prédécesseurs, confirmée de nous ou de nos prédécesseurs, et aussi de faire visitation de toutes lesdites fontaines, commençant à la prise d'icelles et aux branches qui en dépendent, afin de donner à l'avenir un bon règlement pour l'entretenement et confirmation de celles qui sont destinées au public ; et puis ayant fait la visitation, marqué et échantillonné toutes les eaux qui se distribuent des canaux du public, èsdites maisons privées et particulières, avec procès-verbal modelé et figuré, portant la mesure, grosseur et échantillon de ce qui servirait tant au public que pour l'usage des privés et particuliers, aurait été renvoyé le tout par devers nous, pour, sur ce, vous faire déclaration de notre vouloir et intention ;

Savoir vous faisons, qu'après avoir vu ledit procès-verbal avec lesdites figures et modèles, *désirant préférer le bien et utilité du public à l'aisance et commodité des particuliers et personnes privées, et afin que par ce après ils n'usurpent ce qui est introduit et destiné pour ledit public,* avons, par l'avis et délibérations d'aucuns princes de notre sang et gens de notre privé conseil, dit, déclaré et ordonné, DISONS, DÉCLARONS ET ORDONNONS, voulons et nous plaît de notre certaine science, pleine puissance et autorité royale, *sans aucun égard et respect aux permissions et concessions desdites fontaines qui, par ci-devant, ont été faites par nous et nos prédécesseurs, ou par vous et vos prédécesseurs, et à la jouissance qui s'en est suivie en vertu d'icelles, que toutes lesdites fontaines privées ou particulières en maisons de notre Ville, faubourg et ès environs, qui ne servent aucunement au public, soient rompues et cassées réellement et de fait, et le cours d'icelles remis au canal et conduit public,* exceptées tant seulement celles dont les conduits et canaux distillent ès maisons qui naguères furent au feu seigneur de Villeroy et aux maisons de nos très-chers et très-aimés cousins les ducs de Guise et de Montmorency, notre très-chère et bien-aimée cousine la duchesse de Valentinois, et de notre aimé et féal conseiller en notre privé conseil, M. André Guillard sieur Dumortier, que nous avons exceptées et réservées, exceptons et réservons, et semblablement celle qui distille en l'hôpital de la Trinité, en la rue Saint-Denis de ladite Ville de Paris, auquel hôpital en sera laissé en telle quantité seulement qui sera nécessaire pour la provision et fourniture dudit hôpital et des enfants nourris en icelui ; *voulons aussi que ceux qui ont des fontaines à l'endroit des maisons servant audit public et qui pour leur commodité attirent et prennent les eaux dudit public dedans leursdites maisons et jardins, soient pareillement les conduits qui distillent en icelles maisons et jardins, rompus et remis audit public, et les regards qui sont faits dedans ôtés et étoupés ;* et au lieu d'iceux il en soit fait d'autres hors icelles maisons, pour l'ouverture en être faite toutes et quantes fois par nous ou par ceux qui seront par nous commis et députés.

Si voulons et mandons que nos précédentes lettres de déclaration, vouloir et intention, et tout le contenu en cesdites présentes, vous fassiez entretenir, garder et observer, lire, publier et enregistrer ès registres du greffe de nostredite Ville, et icelles exécuter de point en point, selon que dessus est dit, *nonobstant oppositions ou appellations quelconques, pour lesquelles ne voulons être sursis ni différé; dont est du différent qui en pourrait souldre et mouvoir ou être mu nous avons retenu et réservé,* RETENONS ET RÉSERVONS LA CONNAISSANCE ET DÉCISION A NOUS ET A NOTRE PERSONNE, ET ICELLE INTERDITE A TOUS NOS JUGES, TANT DE NOTRE COUR DE PARLEMENT QUE AUTRES, *nonobstant aussi toutes lois, constitutions et ordonnances à ce contraire,* auxquelles nous avons dérogé et dérogeons par ces présentes, que nous voulons être signifiées à tous qu'il appartiendra et exécutées par notre premier huissier ou sergent de notredite Ville, qu'à ce faire commettons; car tel est notre plaisir.

Donné à Compiègne, le quatorzième jour de mai, l'an de grâce 1554, et de notre règne le huitième. Signé par le roi en son conseil, BOURDIN, et scellées sur simple queue de cire jaune.

(Registres de la Ville, fol. XIV, vol. 397.)

Arrêt du conseil d'Etat du roi Henri IV, portant révocation des concessions d'eaux publiques.

23 juillet 1594.

Le Roi, désirant *rétablir sa Ville de Paris en sa première splendeur*, aurait commandé aux prévôt des marchands et échevins de ladite Ville de faire rétablir et remettre les conduits et tuyaux des fontaines de cette dite Ville en leur premier état et les faire descendre aux réservoirs publics, et à ce que le peuple de ladite Ville en reçoive la commodité et soulagement que Sa Majesté désire, *sans qu'aucuns particuliers de ladite Ville les puisse divertir par conduits et tuyaux particuliers en leurs maisons au préjudice des réservoirs publics ;*

Et à cette fin, Sadite Majesté a fait et fait inhibitions et défenses à tous particuliers de détourner le cours desdites eaux, pour en faire venir en leurs maisons par conduits ou tuyaux particuliers, sous quelques considérations et remontrances qu'ils puissent faire, et ordonne que par le maitre des œuvres de ladite Ville ou autre officier d'icelle, ayant charge desdites fontaines, toutes les clefs des robinets servant à conduire de l'eau en maisons particulières seront levées et ôtées, et apportées au bureau de ladite Ville, et lesdits robinets condamnés et tamponnés de bois ou autre chose généralement, en telle sorte que le cours desdites eaux ne soit nullement diverti desdits réservoirs publics, à peine de deux cents écus d'amende contre le premier contrevenant, et enjoint auxdicts sieurs prévost des marchands et eschevins *présents et à venir* d'y tenir la main : *auquel prévôt des marchands avons fait et faisons défense de donner aucunes concessions, permettre ni souffrir être fait aucune entreprise sur le cours desdites fontaines, de tenir la main que tout le cours desdites eaux aille auxdits réservoirs publics,* qui seront fermés, et les clefs mises entre les mains de personnes capables qu'ils y commettront ; et à ce qu'ils ne puissent prétendre cause d'ignorance de nos vouloir et intention, voulons ces présentes être enregistrées au greffe de ladite Ville, et employées aux ordonnances d'icelle.

Fait au conseil d'État, tenu à Paris, le vingt-troisième jour de juillet mil cinq cent quatre-vingt-quatorze. Signé : FAYET.

(Registres de la Ville, vol. XIV, fol. 70.)

Lettres patentes du roi Henry IV, portant suppression des fontaines et concessions particulières.

19 décembre 1608.

De par les prévost des marchands et échevins de la Ville de Paris :

Il est ordonné que les lettres patentes du Roi, du dix-neuvième du présent mois et an, pour le retranchement des fontaines particulières de cette Ville, à nous adressantes,

4

seront enregistrées au greffe de ladite Ville. Fait au bureau de la Ville, le lundi 22ᵉ jour de décembre 1608.

Et suit la teneur desdites lettres :

« HENRI, par la grâce de Dieu, roi de France et de Navarre, à nos très-chers et bien-aimés les prévost des marchands et échevins de notre bonne Ville et cité de Paris, salut. *Ayant été avertis qu'en plusieurs maisons, tant en notredite bonne Ville qu'ès environs y avait des fontaines particulières prises et dérivées des tuyaux et canaux des fontaines destinées pour le public,* qui par ce moyen diminuaient et empeschaient souvent l'usage et la commodité *desdites eaux publiques,* nous vous aurions ordonné de faire visitation de toutes lesdites fontaines, commençant à la prise d'icelles et aux branches qui en dépendent, afin de donner à l'avenir un bon règlement pour l'entretenement et conservation d'icelles qui sont destinées au public ; et depuis ayant fait la visitation, marqué essentiellement toutes les eaux qui se distribuent des canaux du public esdites maisons privées et particulières, avec le procès-verbal, modèles et figures portant la même grosseur et échantillon de ce qui peut servir tant au public que pour l'usage des particuliers, pour le tout nous être représenté, et sur ce vous faire entendre notre vouloir et intention ;

Savoir faisons qu'après avoir fait voir en notre conseil ledit procès-verbal avec lesdits figures et modèles, *désirant préférer le bien et utilité du public à la commodité des particuliers,* avons, de l'avis de notre conseil et notre certaine science, pleine puissance et autorité royale, dit, déclaré et ordonné, DISONS, DÉCLARONS *et* ORDONNONS, voulons et nous plaît, *sans aucun égard aux permissions et concessions desdites fontaines qui ont été ci-devant faites et ordonnées par nous ou nos prédécesseurs, ou par vous ou ceux qui ont été devant vous en votre charge, et depuis confirmées de nous ou nosdits prédécesseurs, ni à la jouissance qui s'en est suivie en vertu d'icelles, que toutes lesdites fontaines privées ou particulières* des maisons de notredite bonne Ville, faubourgs et ès-environs, qui ne servent aucunement au public, *soient rompues et cassées réellement et de fait et le cours d'icelles remis et conduit au canal public,* excepté celles dont les conduits et canaux distillent ès maisons de notre très-cher et très-amé cousin le comte de Soissons, les ducs de Guise et de Montmorency, notre très-chère et amée sœur la duchesse d'Angoulême, celles des pauvres filles de l'Ave-Maria, des Filles-Dieu, filles pénitentes, et l'hôpital de la Trinité, en la rue Saint-Denis, ensemble celles des Cordeliers réformés, dits Récollets, au faubourg Saint-Martin.

Voulons aussi que ceux qui ont des fontaines à l'endroit de leurs maisons, servant audit public, et qui pour leur aisance et commodité attirent et prennent les eaux dudit public dedans leursdites maisons et jardins, soient également privés de la commodité qu'ils ont prise dans leursdites maisons au dommage du public, et *que les conduits qui distillent en icelles maisons et jardins soient rompus et remis entièrement à l'usage public,* et les regards qui sont faits dedans, bouchés et étouppés, et au lieu d'iceux qu'il en soit fait d'autres hors icelles maisons, pour l'ouverture en être faite ainsi que par nous sera ordonné.

Si voulons et vous mandons que nos présentes lettres de déclaration, vouloir et intention, et tout le contenu en cesdites présentes, vous fassiez gaider, observer et

entretenir, lire, publier et enregistrer ès registres du greffe de notre bonne Ville de
Paris, et icelui exécuter de point en point, selon le contenu en cesdites présentes, et
que dessus est dit, *nonobstant oppositions ou appellations quelconques, pour lesquelles ne
voulons être sursis ni différés, dont et des différents qui en pourraient survenir,* NOUS
AVONS RETENU ET RÉSERVÉ, RETENONS ET RÉSERVONS LA CONNAISSANCE ET DÉCISION A
NOUS ET A NOTRE PERSONNE, ET ICELLE INTERDITE ET DÉFENDUE, INTERDISONS ET DÉ-
FENDONS A TOUS NOS JUGES, TANT DE NOTRE COUR DE PARLEMENT QU'AUTRES, NONOBS-
TANT AUSSI QUELCONQUES LOIS, CONSTITUTIONS ET ORDONNANCES A CE CONTRAIRES AUX-
QUELLES NOUS AVONS DÉROGÉ ET DÉROGEONS PAR CES PRÉSENTES, que nous voulons
être signifiées à qui il appartiendra, et exécutées par notre premier huissier ou
sergent de notredite bonne Ville, ou autre qu'à ce faire commettons, car tel est notre
plaisir.

Donné à Paris, le 19ᵉ jour de décembre, l'an de grâce mil six cent huit, et de notre
règne le vingtième. Ainsi signé : HENRI; et plus bas : par le Roi, DE LOMESNIE.

Et à côté est écrit : Registrées au greffe de l'hôtel de Ville, de l'ordonnance de MM. les
prévost des marchands et échevins d'icelle, le lundi vingt-deuxième jour de décembre
mil six cent huit. Signé : COURTIN.

(Registres de la Ville, vol. XVII, fol. 416.)

Édit du roi Louis XIII, portant ordre de représenter les brevets de concessions antérieures.

21 juin 1624.

Sur ce qui a été représenté au Roi que diverses personnes ont obtenu de Sa Majesté
des brevets et concessions de quelques parties de l'eau que Sa Majesté fait conduire du
lieu de Rungis dans sa bonne Ville de Paris, tant pour l'usage de *Sadite Majesté que du
public*, et qu'il serait à propos de voir ensemble toutes les concessions et à ce à quoi
Sa Majesté l'a destinée, afin d'éviter que la délivrance qui sera faite aux uns n'apporte
préjudice aux autres et à l'intention de Sadite Majesté; qu'à cette fin, dès le troisième
mars mil six cent vingt-un et dix-neuvième mai mil six cent vingt-trois, par arrêt de
son conseil, fut ordonné que tous *les brevets et lettres desdites concessions seraient rap-
portés audit conseil et mis ès-mains des commissaires à ce députés, pour, iceux vus, être
pourvu à la distribution desdites eaux ainsi que de raison,* et cependant qu'il serait sursis
à l'exécution de tous lesdits brevets, à quoi néanmoins n'a encore été satisfait, ce qui
pourrait causer quelques désordres en ladite distribution, s'il n'y était pourvu;

Vu lesdits arrêts, tout considéré, le Roi étant dans son conseil, a ordonné et ordonne
que toutes les personnes, de quelques qualités et conditions qu'elles soient, qui ont obtenu de

Sa Majesté des brevets de concession de ladite eau , seront tenues les représenter par-devant les sieurs de Bullion et de Marillac, conseillers audit conseil, à ce commis et députés par Sa Majesté, dans quinzaine après la signification qui sera faite du présent arrêt aux trésoriers de France de la généralité de Paris, prévôt des marchands et échevins de ladite Ville, et affiche qui en sera mise par les carrefours et lieux accoutumés ; et jusqu'à ce, *défend Sa Majesté auxdits trésoriers de France et intendant de ses fontaines de faire aucune délivrance de ladite eau à quelque personne que ce soit; et faute de représenter dans ledit temps lesdits brevets et lettres, Sa Majesté les a dès à présent révoqués et révoque , sans que ceux qui les ont obtenus s'en puissent aider, ni prétendre en vertu d'iceux aucuns droits sur lesdites eaux.*

Fait au conseil d'État, Sa Majesté y séant , à Compiègne , le vingt-unième jour de juin mil six cent vingt-quatre.

Signé : DE LOMESNIE.

(Registres de la Ville, vol. XXIV, fol. 289.)

Arrêt du conseil du roi Louis XIII, qui révoque toutes les concessions faites des eaux de Rungis et procède à une nouvelle distribution.

3 octobre 1625.

Le Roi s'étant fait représenter les brevets et lettres de concessions faites par Sa Majesté à différentes personnes, de la part des eaux de *Rungis* que Sa Majesté s'est réservée par le bail fait pour la conduite desdites eaux en sa Ville de Paris, et les requêtes de plusieurs personnes et communautés, tendant à ce qu'il plût à Sadite Majesté leur en accorder quelque partie ; et ledit bail fait audit conseil, le vingt-sept octobre mil six cent douze ;

Sa Majesté étant en son conseil, *a révoqué et révoque tous lesdits brevets, lettres et concessions, et sans autre égard à icelles*, procédant à nouvelle distribution desdites eaux, tant des trente pouces que lesdits entrepreneurs sont tenus fournir par ledit bail, que des vingt pouces qu'ils prétendent avoir de surplus à eux appartenant, lesquels Sa Majesté a retenus à soi, pour le prix et aux conditions portés par l'arrêt sur ce donné ce jour-d'hui, a ordonné et ordonne que de toute ladite quantité en sera distrait : *douze pouces au profit des prévôt des marchands et échevins de la Ville de Paris*, pour être par eux distribués ainsi qu'ils verront être bon, suivant la concession que Sa Majesté leur en a faite ; vingt-quatre pouces pour être conduits en l'hôtel et palais de la Reine-Mère de Sa Majesté, au faubourg Saint-Germain ; huit pouces pour être conduits au jardin des Tuileries ; aux Capucins du faubourg Saint-Jacques, la moitié d'un pouce, faisant en surface soixante-douze lignes ; aux religieuses du Val-de-Grâce, audit faubourg, trois lignes de diamètre; au collége de Sorbonne, deux lignes de diamètre; au collége des Jésuites, dit de Clermont, demi-pouce d'échantillon ou six lignes de diamètre; aux religieuses Carmélites du faubourg Saint-Jacques, six lignes de diamètre; pour l'Hôtel-Dieu de Paris, en la maison de la santé, au faubourg Saint-Marcel, la moitié d'un pouce, faisant soixante-douze lignes de surface, à la charge qu'ils seront tenus faire conduire ladite eau en un lieu public dudit faubourg, pour servir aux habitants d'icelui, lorsqu'il n'y aura point de perte; aux Chartreux, six lignes de diamètre; aux religieuses de l'hôpital de la Charité, au faubourg Saint-Germain, six lignes de diamètre; aux Carmes-Déchaussés dudit faubourg, un demi-pouce ou six lignes de diamètre; aux Célestins de Paris, trois lignes de diamètre; à l'abbaye Saint-Germain-des-Prés, et pour donner une fontaine audit faubourg, six lignes de diamètre; au sieur Chauvelin de Silleri, un pouce et demi, dont lui a été fait délivrance dès le 13 juin 1620; au sieur président Séguier, en sa maison de Gentilly, demi-pouce d'échantillon, dont aussi délivrance lui a été faite dès le 6 mars 1620; à la maison de Saint-Magloire, faubourg Saint-Jacques, trois lignes de diamètre; au sieur de Marillac, conseiller audit conseil et surintendant des finances, pour sa maison sise rue du faubourg Saint-Jacques, quatre lignes de diamètre; outre ce qui a été octroyé à aucuns des susdits par l'hôtel de ville de Paris; suivant laquelle distribution Sa Majesté veut et ordonne que la délivrance soit faite desdites eaux; et les calibres de celles qui ont été ci-devant délivrées, réformés pour être rendus et assis selon la quantité portée par le présent arrêt, et que toutes lesdites eaux qui auront à être conduites du côté du faubourg Saint-Jacques soient tirées dès le grand regard pour être *conduites dans un même canal avec les eaux de ladite Ville*, et rendues à chacun ès-lieux propres et convenables, selon les concessions du présent arrêt.

Fait au conseil d'État du Roi, Sa Majesté y séant, à Fontainebleau, le 3ᵉ jour d'octobre 1625.

Signé : DE LOMESNIE.

(Registres de la Ville, vol. **XXV**, fol. 20.)

Lettres patentes du roi Louis XIII, qui ordonnent l'examen et la révision de toutes les concessions.

26 mai 1635.

LOUIS, par la grâce de Dieu, roi de France et de Navarre, à nos bien-amés les prévost des marchands et eschevins de notre bonne Ville de Paris, salut.

Par arrêt donné en notre conseil le neuvième jour de décembre dernier passé, procédant à la distribution des eaux venant des sources et fontaines de Rungis, nous aurions ordonné que d'icelles il en demeurerait et serait délivré pour notredite Ville la quantité d'onze pouces et demi en superficie prise dans le grand regard de l'amas desdites eaux, proche les tranchées du faubourg Saint-Jacques, pour sur icelles en être par nous distribué en lieu le plus commode et proche, un pouce à l'hôtel de Condé du faubourg Saint-Germain, et le reste, tant desdites eaux de Rungis que de celles dont la Ville jouit et possède d'ancienneté des autres sources de Belleville et Pré-Saint-Gervais, fût distribué par préférence, aux fontaines publiques et communautés, selon qu'il sera par nous avisé et arrêté, eu égard à la nécessité desdites fontaines et selon leur assiette, et à celles desdites communautés ; et ce qui en pourrait rester, lesdites fontaines publiques et communautés fournies, en accommoder les particuliers auxquels nous trouverions le pouvoir et devoir faire selon leur nécessité et l'éloignement qu'ils seraient des fontaines publiques, et l'état de ce que dessus fait et dressé, être rapporté en notre conseil privé, s'il est trouvé et jugé que bien soit, y être approuvé et arrêté, sans qu'à l'avenir il y soit apporté aucun changement et retranchement par nouvelles concessions ni autrement, à qui et pour qui que ce soit qu'avec grand sujet.

A ces causes, ne voulant plus longuement différer l'exécution de ce que dessus, nous vous commandons et ordonnons que le plus promptement que faire se pourra, et sans discontinuer, vous ayez à procéder à la distribution desdites *eaux de Rungis*, ainsi que par nous *à vous délaissées*, et qui vous seront délivrées et mesurées par Thomas Francini, intendant général de nos eaux et fontaines, auquel de nouveau il est ordonné d'ainsi le faire au lieu et suivant la quantité mentionnée ci-dessus, dès aussitôt que l'état de distribution que vous en aurez fait aura été rapporté et approuvé en notre conseil; comme aussi vous ferez pareille distribution et état de celles provenant des *sources de Belleville et du Pré-Saint-Gervais*, pour, le tout réuni ensemble, en faire une seule quantité, et les distribuer, comme dit est, de préférence aux fontaines publiques et aux communautés, et eu égard à l'assiette des quartiers et nécessités desdites communautés ; et de ce qui en reste après lesdites fontaines publiques et communautés fournies, et à la délivrance faite du pouce de l'hôtel de Condé, en accommoder aucuns particuliers, tels que vous jugerez le devoir et pouvoir faire, et eu égard à leur nécessité et à l'éloignement des fontaines publiques, et à tout ce que dessus vous procédiez *sans avoir aucun égard ni vous arrêter à toutes concessions qui par nous, vous et vos prédécesseurs ésdites charges, pourroient avoir été accordées à toutes lesdites communautés et particuliers, bien qu'ils en fussent en possession et jouissance, lesquelles nous avons révoquées et révoquons par ces présentes,* signées de notre main; lequel état qui sera ainsi par vous fait sera rapporté en notre conseil pour y être vu, et s'il est trouvé que bien soit, approuvé et arrêté: et d'autant qu'au moyen des concessions par nos prédécesseurs et vous ci-devant accordées aux particuliers, il s'est reconnu qu'aucuns d'eux en ont abusé au *préjudice du public*, et que telles entreprises pourroient continuer à augmenter, s'il n'y était remédié, nous voulons et ordonnons que par Augustin Guillain, maître des œuvres, et ayant charge des fontaines de ladite Ville, pour éviter à tels abus ou entreprises, vous ayez à faire promptement travailler, pour réformer toutes les prises des eaux des *fontaines de Belleville et du Pré-Saint-Gervais*, et les réduire par bassinets dans les regards publics, comme est pratiqué aux concessions des fontaines prises sur les *eaux de Rungis;* et afin que ces présentes et ce qui sera exécuté ensuite d'icelles soient fermes et stables, nous voulons icelles, ensemble l'état de distribution qui sera arrêté, être le tout enregistré au greffe de ladite Ville, pour y avoir recours quand besoin sera. De ce faire vous donnons pouvoir, commission et commandement spécial, *nonobstant oppositions ou appellations quelconques, pour lesquelles et sans préjudice d'icelles ne voulons être différé; dont, si aucunes interviennent,* NOUS EN AVONS RETENU ET RÉSERVÉ LA CONNAISSANCE EN NOTRE DIT CONSEIL, L'INTERDISANT A TOUTES COURS ET JUGES. Mandons à notre procureur et de notre bonne Ville de tenir la main à l'exécution de ces présentes, circonstances et dépendances.

Donné à Château-Thierry, le vingt-sixième jour du mois de mai, l'an de grâce mil six cent trente-cinq, et de notre regne le vingt-cinquième. *Signé :* Louis; et plus bas, par le Roi, DE LOMESNIE; et scellé sur simple queue du grand scel de cire jaune.

(Registres de la Ville, vol. XXVII, fol. 331.)

Arrêt du conseil d'Etat du roi Louis XIV, qui révoque toutes les concessions particulières sans exception.

26 novembre 1666.

Sa Majesté, ayant été informée de l'état où se trouvaient à présent les *fontaines publiques,* que les unes ne fournissaient plus d'eau, et les autres en si petite quantité, que les habitants de sa bonne Ville de Paris en souffraient beaucoup d'incommodités, ce qui provenait *des différentes concessions qui avaient été ci-devant faites* par les prévôt des marchands et échevins de ladite Ville, tant à aucuns princes, officiers de la couronne, compagnies souveraines, qu'auxdits prévôt des marchands, officiers et bourgeois de ladite Ville; ce qui a été porté à un tel excès, que *le public* manquant d'eau, plusieurs particuliers en abondent dans leurs maisons, non-seulement par robinets, mais par des jets jaillissants et pour le plaisir, ce qui était un désordre auquel étant nécessaire de remédier, et de pourvoir aux besoins du grand nombre de peuples qui habitent cette grande Ville, et les faire jouir d'une chose si nécessaire pour la vie ;

Sa Majesté, étant en son conseil, *a révoqué et révoque toutes les concessions qui ont été faites par lesdits prévost des marchands et eschevins, soit des eaux qui proviennent des sources de Rungis, soit de celles de Belleville et du Pré-Saint-Gervais;* Ordonne Sadite Majesté, que *toutes les eaux desdites fontaines seront distribuées au public,* et à cet effet, que tous les bassinets qui ont été mis au bassin public qui les reçoit aux regards des fontaines, et *les tuyaux qui conduisent aux hôtels et maisons particulières, seront ôtés desdits regards et coupés d'iceux,* mêmes les tuyaux entés sur les tuyaux publics, *et les ouvertures bouchées et soudées.* Enjoint Sadite Majesté aux prévost des marchands et eschevins de tenir la main à l'exécution du présent arrêt, qui sera exécuté, *nonobstant oppositions ou appellations quelconques, et sans préjudice d'icelles, dont, si aucunes interviennent,*

Sa Majesté s'est réservé la connaissance et à son conseil, et icelle interdite à toutes ses autres cours et juges.

Fait au conseil d'État du Roi, Sa Majesté y étant, tenu à !Saint-Germain-en-Laye, le vingt-sixième jour de novembre mil six cent soixante-six.

Signé : Guénégaud.

(Registres de la Ville, vol. LXIII, fol. 100.)

JURISPRUDENCE ADMINISTRATIVE

Affaire Delorme.

1° Arrêté de conflit. — 27 juin 1835.

Nous, Conseiller d'État, Préfet de la Seine,

Vu le rapport en date du 15 mai 1834, par lequel l'ingénieur en chef du service municipal nous informe que, par abus ou par fraude, le sieur Delorme, propriétaire d'une maison, rue de Louvois, n° 2, à laquelle est attribuée une concession de soixante-douze lignes des Eaux de la Ville, jouissait avant 1834 d'une quantité d'eau triple de cette concession, au moyen de trois orifices ouverts dans la cuvette de la fontaine de l'arcade Colbert, et dont chacun débitait à lui seul les soixante-douze lignes d'eau ; que cet abus a dû être et a en effet été réprimé par la fermeture de deux des trois orifices, et que l'orifice resté ouvert débite les soixante-douze lignes d'eau auxquelles le sieur Delorme peut prétendre, ainsi que l'a reconnu le sieur Blanchard, son fondé de pouvoirs ;

Vu l'assignation signifiée, à la requête du sieur Delorme, le 12 septembre 1834, au préfet de la Seine représentant la Ville de Paris, assignation tendant à faire établir pour le service de ladite concession, « *dans le bâtiment de la fontaine de l'arcade Colbert, une cuvette de distribution construite de telle manière qu'elle soit à* L'ABRI DE L'INTERVENTION DES AGENTS DE L'ADMINISTRATION ; »

Vu la délibération du conseil municipal de la Ville de Paris en date du 27 mars 1835 et la décision du conseil de préfecture en date du 13 avril suivant, qui ont autorisé le préfet de la Seine à défendre à cette instance en déclinant la compétence du tribunal ;

Vu les conclusions additionnelles signifiées à l'avoué de la Ville, le 28 avril dernier, et tendant à ce que la Ville de Paris soit tenue de « *faire le service continuel, sans interruption, en tous temps, à M. Delorme, à la fontaine de l'arcade Colbert, des soixante-douze lignes d'eau qui lui appartiennent en vertu de ses titres, et soit condamnée à 6,000 francs de dommages-intérêts ;* »

Vu le Mémoire adressé par nous, le 12 mai dernier, à M. le procureur du roi près le tribunal de première instance, pour être présenté au tribunal, conformément aux dispositions de l'article 6 de l'ordonnance royale du 1er juin 1828;

Vu le jugement du 17 juin courant, par lequel le tribunal s'est déclaré compétent et dont copie nous a été adressée, le 20 dudit mois, par M. le procureur du roi;

Vu la délibération du conseil municipal de la Ville de Paris, en date du 19 du même mois, qui nous invite à élever le conflit dans cette instance;

Vu le brevet du roi en date du 15 septembre 1651, ensemble les arrêts du conseil du roi des 29 janvier 1653 et 23 mars 1656, qui règlent les droits d'un sieur Bocquet dans une entreprise de travaux faits pour augmenter le volume des eaux de l'aqueduc d'Arcueil, et lui attribuent, après les prélèvements nécessaires aux services publics, un certain volume d'eau dont il a pu disposer, et d'où proviennent les soixante-douze lignes d'eau du sieur Delorme;

Vu les anciens édits et règlements sur les eaux de Paris, sous l'empire desquels la concession du sieur Bocquet a été faite et régie, et notamment :

1° Un édit du roi Charles VI, qui remonte au 9 octobre 1392 ;

2° Des lettres patentes du roi Henri II, en date du 14 mai 1554;

3° Un arrêt du conseil du roi Henri IV, en date du 23 juillet 1594;

4° Des lettres patentes du même roi, en date du 19 décembre 1608;

5° Des lettres patentes du roi Louis XIII, en date du 4 décembre 1612;

6° Des lettres patentes du même roi, en date du 7 décembre 1612;

7° Un édit du même roi, en date du 21 juin 1624;

8° Un arrêt du conseil, du 3 octobre 1625;

9° Des lettres patentes, du 26 mai 1635;

10° Un arrêt du conseil du roi Louis XIV, du 26 novembre 1666;

Tous les susdits actes annexés au présent arrêté, établissant et appliquant les principes de l'inaliénabilité du domaine public des eaux de Paris et ceux de la juridiction administrative sur *les oppositions ou appellations quelconques.......... dont si aucunes interviennent, Sa Majesté s'est réservé la connaissance et à son Conseil, et icelle interdite à toutes ses autres cours et juges* (Lettres des 19 décembre 1608, 26 mai 1635, et arrêt du conseil du 26 novembre 1666; textuel);

Vu l'article 2 de la section III de la loi du 1er janvier 1790, portant : « Les administra-« tions de département seront chargées, sous l'autorité de l'inspection du roi, comme « chef suprême de la nation et de l'administration générale du royaume, de toutes les « parties de cette administration, notamment de celles qui sont relatives : ....

« 5° A la conservation des propriétés publiques; ....

« 7° A la direction et confection des travaux publics.......................... »

Vu l'article 4 de la loi du 28 pluviôse an VIII, portant :

« Le conseil de préfecture prononcera.... sur les difficultés qui pourraient s'élever
« entre les entrepreneurs de travaux publics et l'administration concernant le sens ou
« l'exécution des clauses de leurs marchés ; »

Vu le décret du 4 septembre 1807, portant :

« ART. 1er. Les eaux des pompes à feu, etc........, celles de Rungis et Arcueil et
« celles du canal de l'Ourcq, seront réunies en une seule administration ;

« ART. 2. Cette administration sera exercée par le préfet de la Seine, sous la sur-
« veillance du conseiller d'Etat directeur général des ponts et chaussées, et l'autorité
« du ministre de l'intérieur ;

« ART. 3. Tous les travaux dépendant de cette administration seront projetés,
« proposés, autorisés et exécutés dans les formes usitées pour les travaux des ponts et
« chaussées, etc. ; »

Considérant qu'il résulte évidemment des actes ci-dessus visés, que, sous l'ancienne
comme sous la nouvelle législation, les eaux de Paris qui sont destinées en premier lieu
au service des palais de l'État, des établissements publics appartenant soit à l'État, soit
au département, soit à la capitale, ont toujours été administrées et le sont toujours
comme étant du domaine public ;

Que leur service est d'administration publique ;

Considérant que ces eaux élevées par des machines, recueillies par des travaux sou-
terrains, amenées par des aqueducs et des conduites dans des réservoirs et dans des cuvettes de distribution, exigent de la part de l'administration un service d'art permanent,
une surveillance constante et des dépenses journalières ;

Que ces eaux publiques ne peuvent, par leur nature, être assimilées aux eaux de
sources naturelles qui, coulant sur le sol, participent de la nature foncière et donnent
lieu, d'après les dispositions explicites des articles 528, 640, 641, 642, 643, 645 et 688
du Code civil, à des actions devant les tribunaux ordinaires ;

Considérant que les articles du Code civil précités, les lois des 24 août 1790, 6 octobre 1791 et 14 floréal an X, que le décret du 12 avril 1812, qui rappelle l'avis du conseil d'État du 24 ventôse an XII, ne sont applicables qu'aux eaux qui coulent naturelle-
ment sur le sol et peuvent être possédées privativement à titre de propriété foncière, et
que c'est à tort que le jugement du 17 de ce mois, ci-dessus visé, en applique par con-
fusion les principes au système tout artificiel et tout spécial de la distribution des eaux
publiques de Paris ;

Considérant que les travaux jadis entrepris par Bocquet et par la Ville de Paris sont
essentiellement des travaux publics, et que les actes qui règlent les droits de cet entrepreneur sont des actes d'administration qui ne pouvaient alors et qui ne peuvent maintenant être ni interprétés, ni appliqués par les tribunaux ordinaires ;

Considérant que ces actes administratifs n'ont conféré au sieur Bocquet la propriété d'aucun fonds des sources de Rungis, susceptible d'être possédé privativement par lui ou ses ayants droit; que ces actes ont simplement autorisé le sieur Bocquet à rechercher les eaux souterraines qui, par leur essence, appartenaient déjà au domaine public, et à les réunir à celles de l'aqueduc d'Arcueil ;

Considérant que les ayants droit du sieur Bocquet ne sont propriétaires d'aucun fonds de source, au partage de laquelle ils aient droit suivant les principes des lois invoquées par erreur dans le jugement du 17 de ce mois; qu'il résulte de l'arrêt du conseil du 23 mars 1656 que les eaux concédées à cet entrepreneur, pour prix de ses travaux, ont été originairement incorporées au domaine public, et qu'elles ne doivent être délivrées, comme celles de toutes les autres concessions, que par les regards, conduites et cuvettes appartenant au service public dans Paris ;

Considérant que, dans l'espèce, les droits du sieur Delorme, tels qu'ils résultent des titres qu'il invoque, ne sont pas même contestés au fond ; que l'orifice par où se fait le service de sa concession reste toujours ouvert, et que l'écoulement a lieu suivant les lois naturelles de l'hydraulique et le volume d'eau amené par la conduite alimentaire ; qu'en conséquence ces droits ne peuvent en aucune façon donner lieu à une question réelle de propriété, attendu que ces droits et ceux de la Ville sont réservés ;

Considérant que la concession du sieur Delorme, alimentée par les conduites et cuvettes du service public, doit nécessairement rentrer dans le régime de ce service ;

Considérant que les prétentions du sieur Delorme, sous quelque forme qu'elles se produisent, tendent spécialement, soit à faire modifier dans son intérêt privé le service de la conduite publique qui dessert sa concession, soit à faire juger le mode de ce service pour réclamer des dommages-intérêts;

Considérant que ces prétentions ne portent que sur le mode du service administratif des eaux et sur l'interprétation des actes administratifs, d'où le demandeur tire ses droits ; que le tribunal ne pourrait, sans s'immiscer dans la gestion administrative, apprécier ce mode de service, et qu'il a lui-même reconnu dans le jugement du 17 du courant que l'interprétation des titres appartenait à l'administration ;

Considérant que le système des prétentions du sieur Delorme, qui tendrait à faire servir à sa concession un volume absolu et continuel, serait de la plus complète absurdité, puisque la source d'où proviennent ces eaux ne produit pas constamment le même volume, qu'elle varie en raison des saisons, qu'elle s'altère par le temps, et qu'elle peut même se perdre, soit instantanément, soit à toujours, et puisque le système des conduites, réservoirs ou cuvettes qui servent à distribuer cette eau exige de fréquentes réparations ;

Considérant que de telles prétentions, au mépris de ces lois naturelles et des obligations de travaux journaliers qu'exige ce service, auraient pour but de troubler et de rendre impossible tout le système de distribution des eaux de Paris, tel qu'il est réglé par l'administration d'après les exigences des besoins de la population, et tel qu'il a jadis servi de base à la concession de Bocquet, d'où dérive celle du sieur Delorme;

Considérant que l'examen de semblables prétentions par les tribunaux ordinaires serait un empiétement sur l'autorité et la gestion administrative, et une violation des anciennes et des nouvelles lois ci-dessus visées sur le domaine public des eaux de Paris, sur les attributions de l'administration et sur la compétence des tribunaux administratifs, en matière de travaux publics et d'actes de l'administration ; .

ARRÈTONS :

ART. 1er.

La contestation pendante devant le tribunal de première instance de la Seine, entre le sieur Delorme et la Ville de Paris, est revendiquée comme étant du ressort de l'autorité administrative.

ART. 2.

Ampliation du présent arrêté sera déposée, avec les pièces y visées, au greffe du tribunal.

Fait à Paris, le 27 juin 1835.

Signé : Comte DE RAMBUTEAU.

Pour copie conforme :

Le Maître des requêtes, Secrétaire général de la Préfecture de la Seine,

Signé : L. DE JUSSIEU.

2o Ordonnance royale. — 23 octobre 1835.

LOUIS-PHILIPPE, roi des Français,

A tous présents et à venir, salut.

Sur le rapport du comité de législation et de justice administrative :

Vu l'arrêté du 27 juin 1835 (1) par lequel le préfet de la Seine a revendiqué comme étant du ressort de l'autorité administrative la contestation pendante devant le tribunal de première instance de la Seine, entre le sieur Delorme et la Ville de Paris ; ledit arrêté enregistré au secrétariat général de notre conseil d'Etat, le 31 août 1835 ;

Vu la lettre du 26 août 1835, par laquelle notre procureur près le tribunal de la Seine a transmis l'arrêté ci-dessus visé et les pièces y relatives à notre ministre de la justice ;

(1) Voyez cet arrêté, page 56, ci-dessus.

Vu l'assignation signifiée à la requête du sieur Delorme, le 12 septembre 1834, au préfet de la Seine, représentant la Ville de Paris; ladite assignation tendant à ce que, pour le service d'une concession d'eau dont ledit sieur Delorme serait propriétaire, il soit établi, dans le bâtiment de la fontaine de l'arcade Colbert, une cuvette de distribution construite de telle manière qu'elle soit à l'abri de l'intervention des agents de l'administration;

Vu la délibération du conseil municipal de la Ville de Paris, en date du 27 mars 1835, et la décision du conseil de préfecture, en date du 13 avril suivant, qui ont autorisé le préfet de la Seine à défendre à cette instance en déclinant la compétence du tribunal;

Vu les conclusions additionnelles signifiées à l'avoué de la Ville, le 28 avril 1835, et tendant à ce que la Ville de Paris soit tenue de faire le service continuel et sans interruption, en tout temps, au sieur Delorme, à la fontaine de l'arcade Colbert, des soixante-douze lignes d'eau qui lui appartiennent en vertu de ses titres, et soit condamnée à 6,000 fr. de dommages-intérêts;

Vu le jugement du 17 juin 1835, par lequel le tribunal, statuant sur le déclinatoire proposé, s'est déclaré compétent;

Vu le brevet du Roi en date du 15 septembre 1651, ensemble les arrêts du conseil du Roi des 29 janvier 1653 et 23 mars 1656, qui règlent les droits d'un sieur Bocquet, dans une entreprise de travaux faits pour augmenter le volume des eaux de l'aqueduc d'Arcueil, et lui attribuent, après les prélèvements nécessaires aux services publics, un certain volume d'eau d'où proviendraient les quantités dont le sieur Delorme se dit concessionnaire;

Vu les anciens édits et règlements sur les eaux de Paris, et notamment :

1° Un édit du roi Charles VI, qui remonte au 9 octobre 1392;

2° Des lettres patentes du roi Henri II, en date du 14 mai 1554;

3° Un arrêt du conseil du roi Henri IV, en date du 23 juillet 1594;

4° Des lettres patentes du même roi Henri IV, en date du 19 décembre 1608;

5° Des lettres patentes du roi Louis XIII, du 4 décembre 1612;

6° Des lettres patentes du même roi, en date du 7 décembre 1612;

7° Un édit du même roi, du 21 juin 1624;

8° Un arrêt du conseil, du 3 octobre 1625;

9° Des lettres patentes, du 26 mai 1635;

10° Un arrêt du conseil du roi Louis XIV, du 26 novembre 1666;

Vu la loi du 1er janvier 1790, la loi du 28 pluviôse an VIII, et les décrets des 4 septembre 1807 et 2 février 1812;

Vu toutes les pièces produites;

Ouï Me Latruffe-Montmeylian, avocat de la Ville de Paris;

Ouï M. Boulay (de la Meurthe), maître des requêtes, remplissant les fonctions du ministère public;

Considérant qu'aux termes des lettres patentes du 26 mai 1635 et de l'arrêt du conseil d'Etat du 26 novembre 1666, toutes les contestations relatives aux concessions d'eau dans les fontaines et aqueducs de Paris ont été réservées au Roi, en son conseil d'Etat;

Que, par le décret du 4 septembre 1807, les eaux des pompes à feu de Chaillot et du Gros-Caillou, celles des pompes hydrauliques de Notre-Dame et de la Samaritaine, des Prés-Saint-Gervais, Rungis et Arcueil, et celles du canal de l'Ourcq, ont été réunies en une seule administration, placée sous la surveillance du directeur général des ponts et chaussées, et l'autorité du ministre de l'intérieur;

Que ces diverses eaux conduites dans Paris à l'aide de travaux d'art et de canaux artificiels ne sont point soumises aux règles et juridictions ordinaires en matière de cours d'eau privés; qu'elles dépendent du domaine public; que leur emploi est subordonné aux besoins de la consommation et aux moyens d'y pourvoir; et qu'enfin elles sont placées dans les attributions de l'autorité administrative, chargée de pourvoir sous sa responsabilité aux nécessités du service public;

Qu'ainsi la demande du sieur Delorme contre la Ville de Paris n'est pas de la compétence des tribunaux;

Notre conseil d'Etat entendu,

NOUS AVONS ORDONNÉ et ORDONNONS ce qui suit :

ART. 1er.

L'arrêté de conflit du 27 juin 1835, ci-dessus visé, est confirmé.

ART. 2.

L'assignation du 12 septembre 1834 et le jugement du tribunal de la Seine du 17 juin suivant sont considérés comme non avenus.

ART. 3.

Notre ministre de la justice et des cultes, et notre ministre de l'intérieur, sont chargés, chacun en ce qui le concerne, de l'exécution de la présente ordonnance.

APPROUVÉ, le 23 octobre 1835.

Signé : LOUIS-PHILIPPE.

Par le Roi :

*Le Garde des sceaux, Ministre secrétaire d'Etat
au département de la justice et des cultes,*
Signé : C. PERSIL.

Certifié conforme :

Le Conseiller d'Etat, Secrétaire général du Ministère de la justice,
Signé : CH. RENOUARD.

Affaire Delalain.

Décision du Conseil d'Etat. — 5 janvier 1850.

Au nom du Peuple français,

Le conseil d'État, section du contentieux :

Vu la requête sommaire et le mémoire ampliatif présentés au nom du sieur Léon Delalain, substitut du procureur près le tribunal civil de Versailles, demeurant à Versailles, ladite requête et ledit mémoire enregistrés au secrétariat général du conseil d'État, les 11 janvier et 20 avril 1844, et tendant à ce qu'il plaise annuler un arrêté du conseil de préfecture du département de la Seine, en date du 16 septembre 1843, qui a rejeté la demande du requérant, tendant : 1° à ce que ledit sieur Delalain fût autorisé à réparer à ses frais la conduite qui amenait les eaux de la fontaine des Jésuites à la maison quai des Célestins, nos 10 et 10 *bis*, dont il est propriétaire ; et 2° à ce que la Ville de Paris fût tenue d'entretenir la concession de quarante lignes d'eau faite à l'un de ses auteurs par le prévôt des marchands et les échevins de la Ville, le 28 mars 1678, et confirmée par lesdits prévôt et échevins, le 1er août 1777 ; ce faisant, condamner la Ville de Paris à donner au requérant en sadite maison, quai des Célestins, la quantité d'eau déterminée dans la concession, sous l'offre par lui faite de se conformer à la condition imposée par son titre, et condamner la Ville de Paris aux dépens ;

Vu l'arrêté attaqué ;

Vu le mémoire en défense enregistré comme dessus, le 27 août 1844, par lequel le préfet de la Seine, agissant au nom de la Ville de Paris, conclut au rejet de la requête du sieur Delalain, avec dépens ;

Vu un nouveau mémoire enregistré comme dessus, le 30 janvier 1846, par lequel la Ville de Paris persiste dans ses conclusions ;

Vu la lettre enregistrée comme dessus, le 14 novembre 1848, par laquelle le ministre des travaux publics répond à la communication qui lui a été donnée de cette affaire ;

Vu le titre de concession du 28 mars 1678 et le titre confirmatif du 1er août 1777 ;

Vu le rapport d'ingénieur du 25 septembre 1847 ;

Vu toutes les pièces produites ;

Vu l'édit du 9 octobre 1392, les lettres patentes du 14 mai 1554, l'arrêt du conseil du 23 juillet 1594, les lettres patentes du 19 décembre 1608, celles du 26 mai 1635, l'arrêt du conseil du 26 novembre 1666 et le décret du 4 septembre 1807 ;

Ouï M. de Jouvencel, conseiller d'État, en son rapport ;

Ouï Me Hautefeuille, avocat du sieur Delalain, et Me de La Chère pour Me Chambaud, avocat de la Ville de Paris, en leurs observations ;

Ouï M. Cornudet, maître des requêtes, commissaire du gouvernement, en ses conclusions ;

Sur la compétence :

Considérant que le refus du préfet de la Seine d'autoriser le sieur Delalain à réparer la conduite qui amenait les eaux à sa propriété impliquait, de la part de l'administration, la dénégation des droits de prise d'eau que ce propriétaire prétendait résulter pour lui des actes de concession faite à ses auteurs par le prévôt des marchands et les échevins de la Ville, les 28 mars 1678 et 1er août 1777 ;

Qu'il y avait lieu dès lors d'apprécier la validité et l'étendue de ces actes, et que, s'agissant de concessions octroyées en vertu d'une délégation de la puissance souveraine, cette appréciation, réservée d'ailleurs au roi par les édits, lettres patentes et arrêts ci-dessus visés, ne pouvait être faite qu'en conseil d'État;

Au fond :

Considérant que les eaux affectées au service de la Ville de Paris appartiennent au domaine public et que les concessions qui en ont pu être faites sont essentiellement révocables ; que d'ailleurs, dans l'espèce, la concession résultant des actes dont excipe le sieur Delalain a été constituée à titre précaire et purement gratuit ;

Décide :

ART. 1er.

L'arrêté ci-dessus visé du conseil de préfecture du département de la Seine, en date du 16 septembre 1843, est annulé pour cause d'incompétence.

ART. 2.

Le surplus des conclusions du sieur Delalain, ensemble sa demande en maintenue de la concession faite à ses auteurs par les actes des 28 mars 1678 et 1er août 1777, sont rejetés.

ART. 3.

Le sieur Delalain est condamné aux dépens.

ART. 4.

Expédition de la présente décision sera transmise au ministre des travaux publics.

Délibéré dans la séance du 28 décembre 1849, où siégeaient MM. Maillard, président; de Jouvencel, Marchand, Bouchené-Lefer, Carteret, Paravey, Hély-d'Oissel, Beaumes, de Saint-Aignan, conseillers d'Etat.

Lu en séance publique, le 5 janvier 1850.

Signé à la minute :

Le Président de la section du contentieux,
Charles MAILLARD.

Le Conseiller d'État, rapporteur,
Ferdinand DE JOUVENCEL.

Le Secrétaire du contentieux;
Ph. PIERSON.

Enregistré à Paris, le 11 janvier 1850, folio 84, case 5; reçu vingt-sept francs cinquante centimes.

Signé : HÉNISSART.

La République mande et ordonne au ministre des travaux publics, en ce qui le concerne, et à tous huissiers à ce requis, en ce qui concerne les voies de droit commun contre les parties privées, de pourvoir à l'exécution de la présente décision.

Pour expédition conforme :

Le Secrétaire général du Conseil d'État,

Signé : Prosper HOCHET.

Affaire Froment.

Arrêt de la Cour impériale de Paris. — 24 mars 1854.

(Extrait.)

D'un arrêt rendu le vendredi vingt-quatre mars mil huit cent cinquante-quatre, à l'audience publique de la première chambre de la Cour impériale de Paris, entre la veuve Froment et autres, appelants, comparants par Laureau, et la Ville de Paris, incidemment appelante, comparant par Beaumé, a été extrait ce qui suit :

Après avoir entendu, à l'audience du dix-sept mars présent mois, en leurs conclusions et plaidoiries, Colmet fils, avocat de la veuve Froment et autres, assisté de Laureau, leur avoué, Dechégoin, avocat de la Ville de Paris, assisté de Beaumé, son avoué, ensemble à l'audience de ce jour, en ces conclusions, M. de la Baume, premier avocat général ; vu le mémoire du Préfet de la Seine, en date du vingt-deux mars présent mois, en conformité de l'ordonnance du premier juin mil huit cent vingt-huit, duquel il a été donné lecture à l'audience par M. l'avocat général et par lequel le Préfet conclut à ce que la Cour se déclare incompétente; vu les conclusions aux mêmes fins de M. le premier avocat général, étant ensuite dudit mémoire, à la date du vingt-trois mars, et après en avoir délibéré conformément à la loi ;

La Cour,

Attendu la connexité, joint les appels principal et incident respectivement interjetés par les parties de l'ordonnance de référé rendue par le président du tribunal de première instance de Paris, le dix-sept janvier dernier, et statuant sur le tout, aucun moyen de nullité ni fin de non-recevoir contre lesdits appels n'ayant été plaidés;

Au fond, considérant qu'aux termes des lois de la matière, la surveillance et le service des eaux destinées à l'usage de la Ville de Paris appartiennent exclusivement à l'autorité administrative; qu'il suit de là que toutes les contestations relatives soit à l'usage, soit à la propriété de ces eaux, sont du ressort de la juridiction contentieuse administrative; que les tribunaux sont incompétents à cet égard et ne peuvent entraver par aucune voie les mesures prises par l'administration dans cette partie de ses attributions; qu'ainsi le juge de référé était incompétent,

A mis et met les appellations et ce dont est appel au néant;

Émendant, et statuant par décision nouvelle, dit que le juge de référé était incompétent, renvoie la veuve Froment et autres à se pourvoir ainsi qu'ils aviseront, etc.

En foi de quoi, la minute de l'arrêt a été signée par le président et le greffier.

Pour extrait conforme, délivré à M. le procureur général, ce requérant.

Le greffier en chef,
Signé : CHEVÉ.

Affaire Camus.

Décret impérial. — 1er décembre 1859.

Séance du Conseil d'Etat du 11 novembre 1859.

NAPOLÉON, PAR LA GRACE DE DIEU ET LA VOLONTÉ NATIONALE, EMPEREUR DES FRANÇAIS,

A tous présents et à venir, Salut.

Sur le rapport de la section du contentieux;

Vu la requête présentée par le sieur Camus, négociant, demeurant à Paris, rue Barbette, n° 2, enregistrée au secrétariat de la section du contentieux, le 14 avril 1857, et tendant à ce qu'il nous plaise :

Statuant sur une demande d'indemnité par lui formée, à raison de la suppression d'une concession d'eau faite à titre onéreux par le prévôt des marchands et les échevins de la Ville de Paris à l'un de ses auteurs le 4 juin 1655;

Dire que le retrait par la Ville de cette concession constitue une véritable expropriation; que, dès lors, l'indemnité à laquelle le sieur Camus a droit doit représenter non pas seulement la restitution du prix payé en 1655 par le propriétaire de la maison au profit de laquelle la concession a été faite et la somme à laquelle les ingénieurs de la Ville estiment les tuyaux autrefois établis à ses frais sous le sol de la voie publique, mais la valeur actuelle de la concession dont le requérant est privé et la réparation du préjudice qu'il éprouve;

Qu'ainsi c'est à tort que la Ville de Paris ne lui a offert que sept mille neuf cent trente-huit francs vingt-sept centimes (7,938 fr. 27 c.), dont 4,938 fr. 27 c. comme remboursement des 5,000 livres tournois par elle encaissées en 1655, et 3,000 fr. pour prix des tuyaux ;

Ordonner en conséquence qu'avant faire droit, il sera procédé à une expertise contradictoire, pour être ensuite le montant de l'indemnité fixé par nous d'après les bases ci-dessus indiquées ;

Vu l'arrêté, en date du 13 janvier 1853, par lequel le Préfet du département de la Seine fait, au nom de la Ville de Paris, offre au sieur Camus d'une somme de quatre mille neuf cent trente-huit francs vingt-sept centimes (4,938 fr. 27 c.) à titre de remboursement de la finance payée en 1655 par le surintendant Fouquet pour la concession aujourd'hui supprimée ; ensemble la lettre en date du 13 janvier 1857, par laquelle le même Préfet, ès qualité qu'il agit, déclare consentir à ajouter à cette somme celle de 3.000 fr., qui représente, suivant le calcul des ingénieurs, le prix des tuyaux de conduite établis par les auteurs du requérant pour amener les eaux de la fontaine de l'Échaudé à leur propriété ;

Vu le mémoire en défense produit au nom de la Ville de Paris, représentée par le Préfet du département de la Seine à ce dûment autorisé, ledit mémoire enregistré comme dessus, le 8 octobre 1857, et tendant au rejet de ce recours par le motif que les eaux de la Ville de Paris dépendent du domaine public ; qu'ainsi la suppression de la concession dont jouissaient les auteurs du sieur Camus ne saurait être considérée comme une expropriation, et que l'exercice du droit qui appartient à l'Administration ne peut être subordonné qu'à la condition pour la Ville de rembourser le prix originairement versé ; que d'ailleurs, en fait, l'indemnité offerte serait suffisante pour la réparation du préjudice souffert ;

Vu les observations de notre Ministre de l'Agriculture, du Commerce et des Travaux publics, en réponse à la communication qui lui a été donnée du recours ci-dessus visé, lesdites observations enregistrées le 26 mai 1858 ;

Vu le mémoire en réplique, enregistré le 1er juillet 1858, par lequel le sieur Camus déclare persister dans ses précédentes conclusions, et demande, en outre, que les intérêts de l'indemnité à laquelle il a droit lui soient alloués à partir du jour où sa concession a été supprimée, et que la Ville de Paris soit condamnée aux dépens ;

Vu le mémoire en réplique, enregistré le 9 juillet 1858, par lequel la Ville de Paris déclare persister dans ses précédentes conclusions et dans les offres par elle faites au sieur Camus, et conclut, en outre, à ce qu'il nous plaise lui donner acte de ses offres, et spécialement au cas où celle d'une somme de 3,000 fr. pour les tuyaux de conduite qu'elle reconnaît appartenir au requérant ne serait pas acceptée par lui, de ce qu'elle ne s'oppose pas à ce qu'il enlève ces tuyaux, aux charges de droit ;

Vu les observations de notre Ministre de l'Intérieur, en réponse à la communication qui lui a été donnée du recours ci-dessus visé ; lesdites observations enregistrées comme dessus le 24 septembre 1858 ;

Vu le mémoire additionnel produit le 10 décembre 1858 pour le sieur Camus et tendant aux mêmes fins que ses requête et mémoire en réplique ci-dessus visés ;

Vu la délibération, en date du 17 décembre 1852, par laquelle la Commission municipale de la Ville de Paris autorise le Préfet du département de la Seine à défendre en son nom à toute instance que le sieur Camus pourrait intenter contre elle à l'occasion de la suppression de la concession d'eau dont il s'agit ;

Vu l'acte du bureau de la Ville, en date du 4 juin 1655, portant concession au surintendant Fouquet, moyennant la somme de 10,000 livres, d'un pouce d'eau pour être mené à son hôtel de la rue du Temple; l'acte du même bureau, en date du 16 juin 1710, portant que, sur la demande du sieur Pajot, l'un des ayants cause du surintendant Fouquet, la moitié de ce pouce d'eau est supprimée à l'hôtel de la rue du Temple pour être transportée à l'hôtel de la rue Barbette, dont le sieur Pajot était également propriétaire; les actes des 22 septembre 1733 et 27 septembre 1743, qui confirment la concession ainsi modifiée ;

Vu les autres pièces produites et jointes au dossier ;

Vu l'édit du 9 octobre 1392, les lettres patentes du 14 mai 1554, l'arrêt du Conseil du 23 juillet 1594, les lettres patentes du 19 décembre 1608, celles du 26 mai 1635, l'édit du 21 juin 1624, l'arrêt du Conseil du 26 novembre 1666, et le décret du 4 septembre 1807 ;

Ouï M. L'Hopital, maître des requêtes, en son rapport ;

Ouï Me Duboy, avocat du sieur Camus, et Me Jagerschmidt, avocat de la Ville de Paris, en leurs observations;

Ouï M. de Lavenay, maître des requêtes, commissaire du Gouvernement, en ses conclusions ;

Considérant que le demi-pouce d'eau dont jouissait la maison située rue Barbette, nos 2 et 4, et pour la suppression duquel le sieur Camus réclame une indemnité, provient de la concession faite le 4 juin 1655 au surintendant Fouquet, alors propriétaire d'un hôtel sis rue du Temple ;

Que, par acte du bureau de la Ville, en date du 16 juin 1710, le sieur Pajot, ayant cause du surintendant Fouquet, a été autorisé à transférer ce demi-pouce d'eau de son hôtel de la rue du Temple à un autre hôtel dont il était également propriétaire, et qui porte aujourd'hui les nos 2 et 4 de la rue Barbette;

Que la concession faite originairement au surintendant Fouquet et ensuite au sieur Pajot a été successivement confirmée au profit de chacun de leurs ayants cause, lorsque les immeubles de la rue du Temple et de la rue Barbette ont changé de propriétaire;

Considérant que la Ville de Paris ne conteste pas que cette concession a été consentie à titre onéreux et qu'elle offre de rembourser au requérant, d'une part la finance versée en 1655, d'autre part la valeur estimée à 3,000 fr. des tuyaux établis par les anciens concessionnaires et à leurs frais sous la voie publique pour la conduite des eaux dans leur propriété ;

Que le sieur Camus soutient, au contraire, qu'il a droit d'obtenir une indemnité réglée d'après la valeur actuelle de la concession dont il est privé, et conclut à ce qu'avant faire droit, il soit procédé à une expertise à l'effet d'apprécier cette valeur et celle des tuyaux de conduite;

Considérant que les eaux de la Ville de Paris appartiennent au domaine public et que les concessions qui en ont pu être faites sont essentiellement révocables ;

Qu'à plusieurs reprises, notamment par l'édit de 1392, par les lettres patentes de 1608 et 1635, par l'édit de 1624 et par l'arrêt du Conseil de 1666, l'autorité souveraine a prononcé la révocation de toutes les concessions antérieures et a interdit d'en faire de nouvelles ;

Que les concessions qui ont pu être faites des eaux de Paris, nonobstant ces édits, lettres patentes et arrêts, n'ont jamais constitué entre les mains du concessionnaire au profit duquel elles avaient été nommément consenties, qu'un titre renouvelable et dont la confirmation devait être demandée et obtenue toutes les fois que l'immeuble au service duquel les eaux étaient affectées changeait de propriétaire ;

Qu'ainsi elles ont toujours eu un caractère précaire ;

Qu'il suit de là que si, lorsque l'Administration, usant de son droit, supprime une concession consentie à titre onéreux, la Ville doit restituer la finance qu'elle a touchée, elle ne peut être tenue de payer une indemnité réglée d'après la valeur actuelle de la concession supprimée ;

En ce qui touche les tuyaux de conduite :

Considérant que, par sa lettre du 13 janvier 1857, le Préfet du département de la Seine a reconnu que ces tuyaux sont la propriété du requérant et qu'il a offert, au nom de la Ville de Paris, de lui en payer le prix évalué à trois mille francs (3,000 fr.) par les ingénieurs ;

Que le sieur Camus conteste cette évaluation :

Que, dans ces circonstances, il y a lieu de procéder à une expertise contradictoire à l'effet d'évaluer la somme à payer par la Ville de Paris au sieur Camus, comme prix desdits tuyaux, pour être ultérieurement statué par nous ce qu'il appartiendra ;

Notre Conseil d'État au contentieux entendu ;

Avons décrété et décrétons ce qui suit :

Art. 1er.

Il sera procédé contradictoirement à une expertise à l'effet d'apprécier la valeur actuelle des tuyaux de conduite dont la Ville de Paris reconnaît devoir le prix au sieur Camus.

Les experts seront désignés, l'un par le sieur Camus, l'autre par la Ville de Paris. Le tiers expert, s'il en est besoin, sera le sieur Labrouste, architecte, membre du Conseil des bâtiments civils.

Le rapport des experts et celui du tiers expert, s'il y a lieu, seront transmis au secrétariat de la section du contentieux de notre Conseil d'État, pour être ultérieurement statué par nous ce qu'il appartiendra.

Art. 2.

Le surplus des conclusions du sieur Camus et de la Ville de Paris est rejeté.

Art. 3.

Les dépens sont réservés pour être supportés par celle des parties qui succombera en fin de cause.

Art. 4.

Notre Garde des Sceaux, Ministre Secrétaire d'État au département de la Justice, et notre Ministre Secrétaire d'État au département de l'Agriculture, du Commerce et des Travaux publics, sont chargés, chacun en ce qui le concerne, de l'exécution du présent décret.

Approuvé le 1er décembre 1859.

Signé : NAPOLÉON.

Par l'Empereur :

Le Garde des Sceaux,
Ministre Secrétaire d'État au département de la Justice,

Signé : Delangle.

Affaire Le Rebours.

Décret impérial. — 31 janvier 1861.

Séance du Conseil d'État du 11 janvier 1861.

NAPOLÉON, par la grace de Dieu et la volonté nationale, Empereur des Français,

A tous présents et à venir, salut.

Sur le rapport de la section du contentieux ;

Vu la requête présentée pour :

1° Le sieur Pierre-Jacques-Hippolyte-Almire Le Rebours, demeurant à Paris, rue du Bac, n° 44 ;

2° Le sieur Félix-Paulin-Edgard Le Rebours, propriétaire, demeurant au château de La Roche, par Tracy-sur-Loire, département de la Nièvre ;

3° Le sieur Adolphe-Édouard Le Rebours, lieutenant au 7e régiment de chasseurs, en garnison à Paris ;

4° Dame Louise-Marguerite-Bathilde Le Rebours, épouse du sieur Jean-Baptiste-Charles Legrand-Devaux, propriétaire, et ce dernier, tant en son nom personnel que comme autorisant et assistant la dame son épouse, demeurant ensemble à Paris, rue Saint-Honoré, n° 370 ;

Tous les susnommés agissant comme héritiers, conjointement pour le tout, du sieur Le Rebours, leur père, décédé;

Ladite requête enregistrée au secrétariat de la section du contentieux de notre Conseil d'État, le 24 novembre 1858, et tendant à ce qu'il nous plaise:

Statuant sur la réclamation qu'ils ont formée à raison de la suppression de la concession qui avait été faite à titre onéreux à leurs auteurs, en 1634, d'un pouce d'eau d'Arcueil affecté au service d'un immeuble leur appartenant, situé rue Larrey, autrefois rue du Paon, n° 8;

Déclarer qu'en vertu du titre qu'ils possèdent les requérants sont et demeurent concessionnaires à titre onéreux et définitif du pouce d'eau acquis par leurs auteurs;

Et condamner en conséquence le Préfet du département de la Seine, comme représentant la Ville de Paris, à rendre et à restituer aux requérants la jouissance du pouce d'eau qui est leur propriété,

Subsidiairement, dire que le retrait par la Ville de Paris de la concession d'eau dont jouissaient les requérants constitue une véritable expropriation, que dès lors l'indemnité à laquelle ils ont droit doit représenter, non pas seulement la restitution du prix originairement payé par leurs auteurs, mais la valeur actuelle de la concession dont ils sont privés et la réparation du préjudice qu'ils éprouvent;

Qu'ainsi c'est à tort que la Ville de Paris ne leur a offert que 6,000 francs comme remboursement des 6,000 livres tournois, prix pour lequel le pouce d'eau a été concédé en 1612 et 1634;

Condamner en conséquence le Préfet de la Seine ès noms à leur payer la somme de 30,000 francs, qui représenterait aujourd'hui une concession équivalente à celle dont ils ont été privés;

En tout cas condamner ledit Préfet à leur rembourser les sommes qu'ils ont payées ou qu'ils payeront par suite de l'abonnement forcé qu'ils ont souscrit, ensemble tous intérêts du jour de chaque versement;

Enfin, à leur payer une somme de 3,000 francs à titre de dommages-intérêts pour réparation du préjudice que leur aurait fait éprouver la suppression arbitraire dont ils se plaignent;

Vu l'arrêté, en date du 26 août 1856, par lequel le Préfet du département de la Seine, au nom de la Ville de Paris, fait offre aux héritiers Le Rebours d'une somme de 6,000 francs à titre de remboursement de la finance moyennant laquelle le pouce d'eau dont ils jouissaient avait été concédé à leurs auteurs en 1634;

Vu le mémoire en défense produit au nom de la Ville de Paris, représentée par le Préfet du département de la Seine, à ce dûment autorisé, ledit mémoire enregistré comme dessus, le 7 mars 1859, et tendant à ce qu'il nous plaise rejeter le recours des héritiers Le Rebours, par le motif que les eaux de la Ville de Paris dépendraient du domaine public; qu'ainsi l'administration aurait le droit de supprimer les anciennes concessions de ces eaux, lorsque les intérêts du service le réclament, et que l'exercice de ce droit ne serait subordonné qu'à la condition pour la Ville de rembourser le prix moyennant lequel la concession a été originairement accordée;

Et condamner les requérants aux dépens ;

Vu le mémoire enregistré comme dessus, le 24 mars 1859, par lequel les héritiers Le Rebours déclarent persister dans leurs conclusions précédentes ;

Vu les observations de notre Ministre de l'Intérieur, en réponse à la communication qui lui a été donnée des requête et mémoires ci-dessus visés ; lesdites observations enregistrées comme dessus, le 20 avril 1859 ;

Vu les observations de notre Ministre de l'Agriculture, du Commerce et des Travaux publics, en réponse à la communication qui lui a été également donnée des requête et mémoires ci-dessus visés, lesdites observations enregistrées comme dessus, le 27 août 1860 ; ensemble une lettre, en date du 16 juillet 1860, adressée à notredit Ministre par le Préfet du département de la Seine, et par laquelle ledit Préfet, au nom de la Ville de Paris, fait offre aux héritiers Le Rebours, en sus de la somme de 6,000 francs à eux précédemment offerte, d'une somme de 500 francs pour la valeur des tuyaux de conduite en plomb placés sous la voie publique, qui appartenaient aux concessionnaires primitifs et que ledit Préfet consent à reprendre ;

Vu la délibération en date du 8 août 1856, par laquelle le Conseil municipal de la Ville de Paris autorise le Préfet de la Seine à défendre en son nom à toute instance que les héritiers Le Rebours pourraient intenter contre elle à raison de la suppression de la concession d'eau qui avait été faite à leurs auteurs ;

Vu le marché, en date du 27 octobre 1612, passé en faveur de Jehan Coing, déclaré adjudicataire des travaux de construction de l'aqueduc de Rungis, ledit marché portant notamment :

« 1° Que l'entrepreneur et les associés qu'il pourra prendre seront tenus de faire tous « les travaux nécessaires pour conduire à Paris 30 pouces d'eau par jour, en toute sai- « son, et ce, moyennant la somme de 460,000 livres ;

« 2° Que la quantité d'eau qui pourrait excéder les 30 pouces que l'entrepreneur « s'engage à fournir demeurera audit entrepreneur, pour en disposer ainsi que bon lui « semblera ; »

Vu l'arrêt du Conseil du 3 octobre 1625, relatif à une distribution nouvelle des eaux provenant des fontaines de Rungis ;

Vu la déclaration, en date du 4 novembre 1634, portant : « que l'Intendant général « des fontaines de Sa Majesté ayant, avec deux autres experts, constaté qu'il existait dans « le grand regard du faubourg Saint-Jacques, appelé le *Regard du Roi*, 55 pouces d'eau, « le Roi étant en son Conseil en a retenu, pour être délivrés à l'Intendant général de « ses fontaines, 43 pouces, savoir : 30 pouces que les entrepreneurs doivent fournir « aux termes de leur marché et 13 pouces en plus qui seront payés aux entrepreneurs « par le trésorier de l'épargne, à raison de 6,000 livres pour chaque pouce ;

« Et quant aux 12 pouces restant auxdits entrepreneurs, Sa Majesté les leur a délais- « sés pour en disposer à leur profit, ainsi qu'ils verront bon être, suivant et conformé- « ment à leur bail ; lesquels 12 pouces Sa Majesté fera conduire à ses frais et dé- « pens... ; »

Vu un acte passé devant Guerreau et Parque, notaires à Paris, le 27 décembre 1634, portant vente par le sieur Saybouez de Saint-Martin, l'un des intéressés à l'entreprise des fontaines de Rungis à Paris, et la dame Coing, son épouse, au sieur de Guénégaud des Brosses, de 6 pouces d'eau formant moitié des 12 pouces d'eau que le Roi avait délaissés aux entrepreneurs desdites fontaines, moyennant la somme de 36,000 livres, à raison de 6,000 livres par chaque pouce;

Vu un autre acte des mêmes notaires et du même jour, contenant déclaration par le sieur de Guénégaud des Brosses que l'un des 6 pouces d'eau par lui acquis, aux termes de l'acte ci-dessus visé, appartient au sieur Claude Bouthillier, qui lui a payé une somme de 6,000 livres;

Vu le brevet du 6 décembre 1652, par lequel le Roi permet que le pouce d'eau acquis par le sieur Bouthillier, et qui devait être pris à la Croix du Tirouer, soit pris à l'avenir au tuyau qui passe près de la porte Saint-Germain;

Vu un acte passé devant Gallois, notaire à Paris, le 31 juillet 1671, contenant échange entre le prévôt des marchands et les échevins de la Ville de Paris d'une part, et la dame veuve Bouthillier d'autre part, d'un pouce d'eau qui lui appartient, provenant de la fontaine de Rungis, contre un pouce des eaux appartenant à la Ville de Paris;

Vu l'acte, en date du 4 septembre 1736, portant confirmation par la Ville de Paris de la concession dudit pouce d'eau au profit des sieurs Bouthillier de Chavigny, demoiselle Bouthillier de Beaujeu, sieur de la Viefville, marquis d'Orvilliers, et dame Bouthillier de Chavigny, son épouse;

Vu l'acte du 27 mai 1769 portant confirmation semblable au profit du sieur Brullée, acquéreur des époux Bouthillier;

Vu ensemble les autres pièces produites et jointes au dossier;

Vu l'édit du 9 octobre 1392, les lettres patentes du 14 mai 1554, l'arrêt du Conseil du 23 juillet 1594, les lettres patentes du 19 décembre 1608, celles du 26 mai 1635, l'arrêt du Conseil du 26 novembre 1666, et le décret du 4 septembre 1807;

Ouï M. de Sandrans, maître des requêtes, en son rapport;

Ouï Me Rendu, avocat des héritiers Le Rebours, et Me Jagerschmidt, avocat de la Ville de Paris, en leurs observations;

Ouï M. L'Hopital, maître des requêtes, commissaire du Gouvernement, en ses conclusions;

Considérant que, par le marché passé avec Jehan Coing et ses associés, le 27 octobre 1612, pour la conduite des eaux de Rungis à Paris, il était délaissé aux entrepreneurs le volume d'eau qui excéderait les 30 pouces d'eau par jour qu'ils s'étaient engagés à fournir;

Que, par arrêt du Conseil du 4 novembre 1634, 13 pouces d'eau faisant partie de cet excédant ont été rachetés par le Roi, des entrepreneurs, au prix de 6,000 livres chacun, et que les 12 pouces qui restaient encore ont été délaissés auxdits entrepreneurs, conformément à leur marché;

Considérant que le pouce d'eau dont jouissait la maison sise rue Larrey, ci-devant rue du Paon, n° 8, et pour la suppression duquel les héritiers Le Rebours réclament une indemnité, ferait partie des 12 pouces demeurés à la disposition des entrepreneurs;

Qu'il a été vendu par ces derniers au sieur Bouthillier, par acte notarié du 27 décembre 1634, moyennant le prix de 6,000 francs; et que la concession de ce pouce d'eau, affectée par le sieur Bouthillier au service de la maison qui lui appartenait rue du Paon, a été successivement confirmée au profit des ayants cause dudit sieur Bouthillier, lorsque cette maison a changé de propriétaire;

Considérant que la Ville de Paris ne conteste pas que cette concession a été consentie à titre onéreux, et qu'elle offre de rembourser aux requérants la somme pour laquelle le pouce d'eau dont il s'agit a été compté à leurs auteurs en 1634, plus 500 fr. pour prix des tuyaux de conduite restés sous la voie publique et appartenant aux concessionnaires;

Que les héritiers Le Rebours soutiennent, de leur côté, qu'ils sont propriétaires incommutables du pouce d'eau dont ils jouissaient, et que la Ville ne pouvait en opérer la suppression;

Que, tout au moins, ils ont droit d'obtenir une indemnité réglée d'après la valeur actuelle de la concession dont ils sont privés;

Considérant que les eaux de la Ville de Paris appartiennent au domaine public, et que les concessions qui en ont pu être faites sont essentiellement révocables;

Qu'à plusieurs reprises, notamment par l'édit de 1392, par les lettres patentes de 1608 et 1635, par l'édit de 1624 et par l'arrêt du Conseil de 1666, l'autorité souveraine a prononcé la révocation de toutes les concessions antérieures et a interdit d'en faire de nouvelles;

Que les concessions qui ont pu être faites des Eaux de la Ville de Paris, nonobstant ces édits, lettres patentes et arrêts, n'ont jamais constitué, entre les mains des concessionnaires au profit desquels elles avaient été nommément consenties, qu'un titre renouvelable et dont la confirmation devait être demandée et obtenue toutes les fois que l'immeuble au service duquel ces eaux étaient affectées changeait de propriétaire;

Qu'ainsi elles ont toujours eu un caractère précaire;

Qu'il suit de là que si, lorsque l'Administration, usant de son droit, supprime une concession consentie à titre onéreux, la Ville doit restituer la finance qu'elle a touchée, elle ne peut être tenue de payer une indemnité réglée d'après la valeur de la concession supprimée;

En ce qui touche l'offre de 500 francs pour les tuyaux de conduite :

Considérant que cette offre n'a pas été acceptée par les héritiers Le Rebours, et que l'état de l'instruction ne permet pas de juger si la somme de 500 fr. est suffisante;

Qu'ainsi il doit être procédé à une expertise contradictoire à l'effet d'évaluer la somme à payer par la Ville aux héritiers Le Rebours comme prix des tuyaux de conduite, pour être, à la suite de ladite expertise, statué par nous ce qu'il appartiendra ;

Notre Conseil d'Etat au contentieux entendu ;

Avons décrété et décrétons ce qui suit :

Art. 1er.

En cas de désaccord entre les héritiers Le Rebours et la Ville de Paris sur la valeur actuelle des tuyaux de conduite dont la Ville reconnaît devoir le prix auxdits héritiers Le Rebours, il sera procédé contradictoirement à une expertise à l'effet d'apprécier cette valeur. Les experts seront désignés, l'un par les héritiers Le Rebours, l'autre par la Ville de Paris. Le tiers expert, s'il en est besoin, sera le sieur Labrouste, architecte, membre du Conseil des bâtiments civils.

Le rapport des experts et celui du tiers expert seront transmis au secrétariat de la section du contentieux de notre Conseil d'Etat, pour être ultérieurement statué par nous ce qu'il appartiendra.

Art. 2.

Le surplus des conclusions des héritiers Le Rebours et de la Ville de Paris est rejeté.

Art. 3.

Les dépens seront supportés par la partie qui succombera en fin de cause.

Art. 4.

Notre Garde des Sceaux, Ministre Secrétaire d'Etat au département de la Justice, et notre Ministre Secrétaire d'État au département de l'Agriculture, du Commerce et des Travaux publics, sont chargés, chacun en ce qui le concerne, de l'exécution du présent décret.

Approuvé le 31 janvier 1861.

Signé : NAPOLÉON.

Par l'Empereur :

Le Garde des Sceaux,
Ministre Secrétaire d'État au département de la Justice,

Signé : Delangle.

ÉTAT DES IMMEUBLES

ET

DES ÉTABLISSEMENTS HYDRAULIQUES

DÉPENDANT DU SERVICE DES EAUX

AU 1er JANVIER 1874

DÉSIGNATION des IMMEUBLES OU ÉTABLISSEMENTS 1	SITUATION 2	CONTENANCE 3	ORIGINE de LA PROPRIÉTÉ 4	PRIX D'ACQUISITION 5

SOURCES DU MIDI. AQUEDUC

AQUEDUC PRINCIPAL entre Paris et Rungis.			Construction sous Louis XIII et cession par l'Etat à la Ville suivant décret du 6 prairial an XI.	
Partie intra muros, déduction faite des parties cédées ou supprimées.	Paris. 14° arrondissement.	Longueur : 1.903 m. 85 c	Id.	»
Partie extra muros.	Communes de Montrouge, Gentilly, Arcueil, Rungis (Seine).	10.308 m. 75 c.	Id.	»
AQUEDUCS SECONDAIRES.	Rungis.	2.176 m. 75 c.	Id.	»
Aqueduc initial et deux regards.	Paray, Wissous (Seine-et-Oise), Rungis (Seine).	»	Id.	»
Grand carré. Dépendance des aqueducs. Terrains divers.	Rungis.	Contenance : 18.121 m. 69 c 5.251 m. 31 c. 2.624 m. 88 c.	Id.	»
Maison et Magasin à l'usage des conducteurs de l'aqueduc et terrains en dépendant.	Arcueil.	3.225 m. 18 c.	Id.	»
Pierrées diverses.	L'Hay et Arcueil.	Longueur : 1.500 m. 00 c.	Id.	»
Regards, au nombre de vingt-six, sur le parcours de l'aqueduc et dépendances.	Localités diverses.	Contenance : 193 m. 92 c.	Id.	»
Pont aqueduc d'Arcueil.	Arcueil.	Longueur : 371 m. 10 c., dont 285 m. 10 c. sur arcades.	Id.	»

VALEUR APPROXIMATIVE		CONCESSION OU LOCATION			OBSERVATIONS
TERRAINS	CONSTRUCTIONS	DURÉE	ACTES	TITULAIRES	
6	7	8	9	10	11

D'ARCUEIL (*Jadis* : EAUX DU ROI.)

»	173.000 fr.	»	»	»	Aqueduc traversant des propriétés particulières sur lesquelles la Ville a un droit de servitude de passage à perpétuité suivant une zone de 60 mètres de largeur.
»	623.000 fr.	»	»	»	Id.
»	130.500 fr.	»	»	»	Id.
1.000 fr.	»	»	»	»	Une surface de 22 m. 04 c., occupée par les regards, appartient à la Ville.
13.000 fr.	»	»	»	»	Ces terrains appartiennent à la Ville.
3.225 fr.	8.000 fr.	»	»	»	Id.
»	15.000 fr.	»	»	»	Pierrées traversant des propriétés particulières sur lesquelles la Ville a un droit de servitude de passage.
»	12.500 fr.	»	»	»	Ces regards sont élevés directement sur l'aqueduc et existent à l'état de servitude comme l'aqueduc et jouissent des mêmes droits dans la même zone.
»	Mémoire.	»	»	»	Le terrain appartient à la Ville.

DÉSIGNATION des IMMEUBLES OU ÉTABLISSEMENTS 1	SITUATION 2	CONTENANCE 3	ORIGINE de LA PROPRIÉTÉ 4	PRIX D'ACQUISITION 5

SOURCES DU NORD. AQUEDUCS A BELLEVILLE ET

AQUEDUC PRINCIPAL de Belleville.	Paris, 19e arrondiss. Du regard de la Lanterne à la rue de la Mare.	Longueur : 547 m. 00 c.	Construction des premiers ouvrages du VIe au XIe siècle par les religieux de Saint-Laurent et de Saint-Martin-des-Champs. — Prise de possession par la Ville au XVe siècle. — Extension et compléments aux frais de la Ville pendant les XVIe et XVIIe siècles.	»
	Rue de la Mare, etc.	292 m. 00 c.	»	»
		167 m. 00 c	»	»
Aqueduc et galeries secondaires de Belleville.	Localités diverses.	108 m. 00 c.	»	»
		68 m. 00 c.	»	»
Aqueduc et galeries secondaires aux Prés-Saint-Gervais.	Commune des Prés-Saint-Gervais.		»	»
		77 m. 50 c.	»	»
		12.630 m. 00 c.	»	»
Pierrées et conduites en poterie ou autres à Belleville et aux Prés-Saint-Gervais.	Localités diverses.	4.397 m. 00 c.	»	»
Regards, au nombre de vingt-deux, existant sur le parcours des aqueducs, pierrées ou conduites.	»	523 m. 04 c.	»	»

VALEUR APPROXIMATIVE		CONCESSION OU LOCATION			OBSERVATIONS
TERRAINS	CONSTRUCTIONS	DURÉE	ACTES	TITULAIRES	
6	7	8	9	10	11

AUX PRÉS-SAINT-GERVAIS (*Jadis :* EAUX DE LA VILLE).

»	54.700 fr.	»	»	»	Aqueduc traversant des propriétés privées sur lesquelles la Ville a un droit de servitude de passage suivant une zone de 40 m. de largeur.
»	Mémoire	»	»	»	Longueur située sous la voie publique.
»	10.020 fr.	»	»	»	Aqueducs traversant des propriétés particulières sur lesquelles la Ville a un droit de servitude de passage suivant une zone de 40 m. de largeur.
»	Mémoire.	»	»	»	Longueur située sous la voie publique.
»	4.080 fr.	»	»	»	Aqueducs traversant des propriétés particulières sur lesquelles la Ville a un droit de servitude de passage suivant une zone de 40 m. de largeur.
»	Mémoire.	«	»	»	Longueur située sous la voie publique.
»	12.630 fr.	»	»	»	Pierrées ou conduites traversant des propriétés particulières sur lesquelles la Ville a un droit de servitude de passage de 40 m. de largeur.
»	Mémoire.	»	»	»	Pierrées ou conduites situées sous la voie publique.
20.000 fr.	11.000 fr.	»	»	»	La Ville est propriétaire des terrains sur lesquels sont placés ces regards.

DÉSIGNATION des IMMEUBLES OU ÉTABLISSEMENTS 1	SITUATION 2	CONTENANCE 3	ORIGINE de LA PROPRIÉTÉ 4	PRIX D'ACQUISITION 5
				C A N
CANAL DE L'OURCQ.	Départements de l'Aisne, de l'Oise, Seine-et-Marne, Seine-et-Oise et Seine.			
Canal proprement dit, berges, chemins de halage, rigoles de dérivation et de fuite, déversoirs, maisons de gardes et d'éclusiers, terrains et constructions, tout compris.	Entre le barrage-déversoir de Mareuil et le bassin de La Villette inclusivement (Oise, Seine-et-Marne, Seine-et-Oise et Seine).	476 h. 48 a. 72 c.	Loi du 29 floréal an X (19 mai 1802).	60.000.000 fr. (1)

VALEUR APPROXIMATIVE		CONCESSION OU LOCATION			OBSERVATIONS
TERRAINS	CONSTRUCTIONS	DURÉE	ACTES	TITULAIRES	
6	7	8	0	10	11

A U X .

| 15.100.000 fr. (2) | » | 99 ans. La concession, qui a commencé le 1ᵉʳ janvier 1823. finira le 31 décembre 1921. | Traité de concession du 19 avril 1818, et articles supplémentaires du 13 mai suivant, approuvés par ordonnance royale du 10 juin 1818. | MM. le comte de Saint-Didier et Vassal, représentés aujourd'hui par les héritiers Georges-Tom. Haingnerlot, quai de la Seine, 4. La Villette-Paris. | (1) Ce chiffre, qui s'applique aux deux canaux de l'Ourcq et de Saint-Denis, se décompose comme il suit : Premières dépenses faites par la Ville pour acquisitions et travaux, de l'an X à 1818.... 15.000.000 fr. Subvention allouée aux concessionnaires selon le traité de 1818, pour l'achèvement des travaux du canal de l'Ourcq. 7.500.000 fr. Dépenses restées à la charge de la Ville et acquittées par elle depuis 1818 jusqu'en 1873, pour acquisitions de terrains, suppressions et acquisitions d'usines, indemnités mobilières, opérations graphiques, bornages, jaugeages. etc., soit......37.500.000 fr. Total. 60.000.000 fr (Voir le recueil spécial sur les canaux de l'Ourcq et de Saint-Denis, et les comptes financiers de la Ville, collection Martin Saint-Léon et ses compléments officiels.) (2) Cette valeur est déterminée comme il suit : Produit annuel net moyen de l'exploitation par les concessionnaires pendant chacune des années 1869 et 1872....... 205.000 fr. Prix de revient pour élever au niveau du bassin de La Villette, soit de 30 mètres, les 100.000 mètres cubes d'eau d'alimentation fournis chaque jour à la Ville par le canal de l'Ourcq, en admettant 0 fr. 0005 comme dépense pour élever 1 mètre cube d'eau à 1 mètre de hauteur....... 550.000 fr. Total du revenu moyen annuel...... 755.000 fr. Capitalisation à 5 p. 100, soit..... 15.100.000 fr. |

DÉSIGNATION des IMMEUBLES OU ÉTABLISSEMENTS 1	SITUATION 2	CONTENANCE 3	ORIGINE de LA PROPRIÉTÉ 4	PRIX D'ACQUISITION 5
Rivière d'Ourcq supérieure canalisée, berges, chemins de halage.	Entre le port aux Perches et le déversoir de Mareuil (Aisne, Oise).	42 h. 06 a. 94 c.	Acquisition faite par la Ville de Paris de M. le duc d'Orléans. — Traité du 24 avril 1824 et ordonnance royale du 23 juin suivant.	600.000 fr.
Anciens bras et barrages abandonnés en dehors, maisons de gardes et d'éclusiers, terrains et constructions.	Id.	4 h. 77 a. 23 c.	Id.	»
Vieille rivière d'Ourcq inférieure.	Entre la prise du canal à Mareuil et le débouché dans la Marne (Oise et Seine-et-Marne).		Id.	»
Lit de la rivière.		22 h.	»	»
Terrains en dehors.		12 h. 06 a.	»	»
Deux maisons.		»	»	»
Dérivation du Clignon.	Départements de l'Aisne et de l'Oise.	9 h. 64 a. 76 c.	Conventions additionnelles du 1er février 1841 et ordonnance royale du 14 mai 1842.	»
Moulin de Mareuil.	Commune de Mareuil (Oise).	2 h. 59 a. 48 c.	Acte administratif d'acquisition du 30 sept. 1826.	115.280 fr.
Usine.		»	»	»
Chute d'eau.		»	»	»
Moulin de Crouy.	Commune de Varainfroy (Oise).	1 h. 38 a. 63 c.	Acte administratif d'acquisition du 7 sept. 1826.	90.405 fr. 20 c.
Usine.		»	»	»
Chute d'eau.		»	»	»
CANAL SAINT-DENIS.				
Canal proprement dit, berges, chemins de halage, 8 maisons de gardes et d'éclusiers; terrains et constructions.	Paris (19e arr.), et communes d'Aubervilliers et de Saint-Denis (Seine).	47 h. 54 a. 81 c.	Loi du 20 floréal an X (19 mai 1802).	(5)
Chutes d'eau (7) :				
1re, 2e, 3e et 4e écluses.	Paris (10e arr.).	»	»	»
5e, 6e et 7e écluses.	Aubervilliers.	»	»	»
8e, 9e, 10e, 11e et 12e écluses.	Saint-Denis.	»	»	»
Terrain, rive droite de la gare de Saint-Denis, entre la route nationale n° 1 et la route départementale n° 11.	Saint-Denis, lieu dit le Bas des Caves.	1 h. 46 a.	»	»

VALEUR APPROXIMATIVE		CONCESSION OU LOCATION			OBSERVATIONS
TERRAINS	CONSTRUCTIONS	DURÉE	ACTES	TITULAIRES	
6	7	8	9	10	11
(1)	»	La concession, qui a commencé le 23 juin 1824, finira le 31 décembre 1921.	Subrogation de la compagnie concessionnaire à la Ville de Paris.—Traité du 24 avril 1824 et ordonnance royale du 23 juin suivant.	MM. le comte de Saint-Didier et Vassal, représentés aujourd'hui par les héritiers Georges-Tom. Hainguerlot, quai de la Seine, 4, La Villette-Paris.	(1) La valeur de la rivière supérieure et inférieure, et celle de la dérivation du Clignon sont comprises dans le chiffre de l'estimation du canal.
10.000 fr.	»	Id.	Id.		
(1)	»	Id.	Id.	Les mêmes.	
»	»				
31.500 fr.	»				
»	20.000 fr.				
(1)	»	»	Dépendance du canal de l'Ourcq concédée et exploitée de même (2).	Les mêmes.	(2) Voir les convention et ordonnance royale mentionnées à la colonne 4.
		18 ans à compter du 1er novembre 1868.	Location (3). Arrêté préfectoral du 18 mars 1868.	Théodore-Jules Symphal fils.	(3) 2.120 fr. par an.
3.800 fr.	24.500 fr.				
22.700 fr.	»				
		9 ou 12 ans à compter du 1er juillet 1864.	Location (4). Arrêté préfectoral du 30 juin 1864.	Sieur et dame Poilleux.	(4) 1.200 fr. par an.
1.900 fr.	13.100 fr.				
10.000 fr.	»				
6.600.000 fr. (6)	»	99 ans. La concession, commencée le 1er janvier 1823, finira le 31 décembre 1921.	Traité de concession du 19 avril 1818, et articles supplémentaires du 13 mai suivant, approuvés par ordonnance royale du 10 juin 1818.	MM. le comte de Saint-Didier et Vassal, représentés aujourd'hui par les héritiers Georges-Tom. Hainguerlot, quai de la Seine, 4, La Villette-Paris.	(5) Voir la note (1) de la page 83. (6) Cette valeur résulte de la capitalisation à 5 p. 100 de la somme de 330.000 fr., produit net moyen par an de l'exploitation distincte du canal Saint-Denis, pendant les années 1869 et 1872. (7) Le droit de jouir des chutes d'eau appartient aux concessionnaires. La valeur de ces chutes est, en conséquence, comprise dans l'estimation générale portée pour les deux canaux, page 83.
»	»	»	»	»	
»	»	»	»	»	
»	»	»	»	»	
(8)	»	»	»	»	(8) Valeur comprise dans l'estimation générale, page 83.

DÉSIGNATION des IMMEUBLES OU ÉTABLISSEMENTS 1	SITUATION 2	CONTENANCE 3	ORIGINE de LA PROPRIÉTÉ. 4	PRIX D'ACQUISITION 5
Usines hydrauliques du canal Saint-Denis (1).				
1° Usine des 1re et 2e écluses :	Rue Rouvet et quai de la Gironde.			
Terrains.		1.382 m.		
Bâtiment inachevé, et élevé pour un sixième sur un terrain pris à location par la Ville.		663	Acte d'acquisition par adjudication devant le Tribunal de la Seine du 22 février 1868.	192.050 fr.
2° Usine des 3e et 4e écluses.	Quai de la Gironde.	800		
Bâtiment élevé sur terrain pris à location par la Ville, et pouvant être retenu sans indemnité par le bailleur du terrain, dont la jouissance appartient aux concessionnaires.				
CANAL SAINT-MARTIN.				
Canal proprement dit : berges, bas-port, terrains et constructions formant dépendances immédiates du canal.	Paris (19e, 10e, 11e, 4e et 12e arr.).	17 h. 25 a. 06 c.	Loi du 29 floréal an X (19 mai 1802) — Décret impérial du 14 février 1806.	9.275 000 fr. (4)
Maisons éclusières (6).				
Savoir :				
Quai de la Loire, 1.	(19e arr.).	2 a. 35 c.	Id.	»
Quai Jemmapes, 150.	(10e arr.).	1 05	Id.	»
Quai Valmy, 85 et 87.	Id.	1 91	Id.	»
Quai Valmy, 25.	(11e arr.).	1 05	Id.	»
Boulevard Richard-Lenoir, 50.	Id.	1 05	Id.	»
Quai Henri IV, pavillon, rive droite de l'écluse en Seine.	(4e arr.).	7 67	Id.	»
Place Mazas, pavillon, rive gauche de l'écluse en Seine.	(12e arr.).	8 23	Id.	»

VALEUR APPROXIMATIVE		CONCESSION OU LOCATION			OBSERVATIONS
TERRAINS	CONSTRUCTIONS	DURÉE	ACTES	TITULAIRES	
6	7	8	9	10	11
41.460 fr.		(2)	»	»	(1) On ne mentionne ici que les usines qui utilisent les chutes des quatre premières écluses et qui appartiennent à la Ville de Paris. Les autres sont la propriété des concessionnaires ou de tiers.
	33.150 fr.				(2) L'usine n'est pas louée.
»	»	Location jusqu'au 1er janvier 1888. (3)	Bail du 31 mars 1849, modifié par acte administratif du 11 mars 1872.	Eugène Vacquerel.	(3) Prix annuel : 3.000 fr. Exploitation : Fabrique de carton.
4.160.000 fr. (5)	»	»	Loi du 5 août 1821. Concession emphytéotique du 12 novembre 1821, approuvée par ordonnance royale du 11 décembre suivant, puis reprise par la Ville de Paris suivant traité du 9 juillet 1861.	»	(4) Ce chiffre ne représente que la somme réellement dépensée par la Ville pour acquisitions et travaux, savoir : 605.000 fr., prix de travaux exécutés avant la concession ; 5.470.000 fr., subvention allouée aux concessionnaires ; 3.200.000 fr., frais d'acquisition d'immeubles.
»	»	»	»	»	(5) Cette valeur résulte de la capitalisation à 5 p. 100 du produit net moyen des années 1869 et 1873, soit 293.000 fr., dont on a déduit 85.000 fr. pour dépenses de personnel et de travaux d'entretien.
»	»	»	»	»	(6) Sur neuf maisons originairement construites, sept sont encore affectées au service des Eaux. Deux ont été retranchées du Domaine hydraulique, et remises le 1er avril 1864 à la régie du Domaine communal, qui les exploite comme les autres propriétés communales aliénables. Ce sont les maisons : No 5. Boulevard Richard-Lenoir, 120, et rue Folie-Méricourt, 3 (11e arr.). No 7. Place de la Bastille et boulevard Beaumarchais, 2 (11e arr.).
»	»	»	»	»	
»	»	»	»	»	
»	»	»	»	»	

DÉSIGNATION des IMMEUBLES OU ÉTABLISSEMENTS 1	SITUATION 2	CONTENANCE 3	ORIGINE de LA PROPRIÉTÉ 4	PRIX D'ACQUISITION 5

AQUEDUC DE CEINTURE

Regard de prise d'eau à la gare circulaire et maison de garde.	Quai de l'Oise.	Contenance : 56 m. 20	(1)	»
Rigole de prise d'eau entre la gare circulaire et le compteur.	Sous les berges, rive droite du canal de l'Ourcq et du bassin de La Villette.	Longueur : 1.601 m. 97 c.	»	»
Bassin épuratoire et compteur hydraulique.	Boulevard de La Villette, 206.	Contenance : 1.349 m. 94	(2)	»
Ligne principale de l'aqueduc de ceinture.	Du boulevard de La Villette à la rue du Faubourg-Saint-Denis.	Longueur : 10.480 m. 64 (3)	Actes administratifs d'acquisition, de 1808 à 1830.	(4)

VALEUR APPROXIMATIVE		CONCESSION OU LOCATION			OBSERVATIONS
TERRAINS	CONSTRUCTIONS	DURÉE	ACTES	TITULAIRES	
6	7	8	9	10	11

ET DÉPENDANCES.

2.000 fr.	1.500 fr.	»	»	»	(1) Ces ouvrages ont été construits sur des terrains réservés, après acquisition pour le canal de l'Ourcq et le bassin de La Villette, il y a plus de trente ans.
»	»	»	»	»	Galerie sous la voie publique.
135.000 fr.	100.000 fr.	»	»	»	(2) Cet établissement a été créé sur des terrains réservés, après acquisition pour le canal de l'Ourcq et le bassin de La Villette, il y a plus de trente ans.
1.048.000 fr.	»	»	»	»	(3) Cette portion de l'aqueduc est en dehors de la voie publique. Le terrain, ayant une largeur minima de 10 mètres et affecté à la galerie de l'aqueduc et à une zone de défense sur chaque rive, est la pleine propriété de la Ville et ne saurait, en l'état actuel, former une voie publique. Les propriétaires des fonds limitrophes ne peuvent donc ni verser leurs eaux ni ouvrir de jour ou d'issue sur ce terrain. Les agents du service des eaux doivent prévenir ou poursuivre toute entreprise de ce genre qui ne serait pas justifiée par un arrêté préfectoral, concédant la tolérance sous la condition d'une redevance annuelle envers la caisse municipale. (4) La destruction des archives dans l'Hôtel-de-Ville annexe, en 1871, empêche de donner ce prix.

7

DÉSIGNATION des IMMEUBLES OU ÉTABLISSEMENTS 1	SITUATION 2	CONTENANCE 3	ORIGINE de LA PROPRIÉTÉ 4	PRIX D'ACQUISITION 5
	Rue Lafayette et rue du Faubourg-Saint-Denis (1).	Longueur : 1.683 m. 55	1808 à 1830	»
	De la rue Lafayette au réservoir de Monceau, moins les trois fractions ci-après (2).	3.883 m. 50 c.	Id.	»
Ligne principale de l'aqueduc, entre La Villette et Monceau (suite).	Entre la rue du Faubourg-Poissonnière et la rue de Dunkerque (3).	17 m. » c.	» Id.	»
	Entre la rue Pétrelle et la Compagnie du gaz.	121 m. » c.	Id.	»
	Entre la place Vintimille et la rue de Clichy.	158 m. 55 c	Id.	»
Galerie Saint-Laurent.	Rue d'Alsace.	225 m. 25 c	Id.	»

DÉRIVATION DES SOURCES DE

I. — IMMEUBLES SOURCIERS

1° *Vallée*

1. **Moulin de la Source ou de la Dhuis.** Bâtiments, terres, prés, bois.	Pargny (Aisne).	5 h. » a.	Vente par M. et Mme Brajon, devant Mᵉ Barbier, notaire à Artonges, le 22 juillet 1859.	65.000 fr.
2. **Bois des Creux.** Rus.	Id.	» h. 26 a.	Vente par M. et Mme Labruyère, devant Mᵉ Barbier, notaire à Artonges, le 2 février 1867.	650 fr.

VALEUR APPROXIMATIVE		CONCESSION OU LOCATION			OBSERVATIONS
TERRAINS	CONSTRUCTIONS	DURÉE	ACTES	TITULAIRES	
6	7	8	9	10	11
168.500 fr.	»	»	»	»	(1) Ces terrains, situés aux abords du regard de la Corderie, et devenus inutiles pour l'aqueduc, ont été remis à la régie des propriétés communales.
»	»	»	»	»	(2) Cette partie de l'aqueduc est sous les voies publiques, sauf les trois fractions ci-après.
Mémoire.	»	»	»	»	(3) Ces trois fractions de l'aqueduc traversent des propriétés privées. La Ville a acquis le droit de passage et celui d'interdire les puits, les fosses d'aisances et les plantations sur une zone de 24 mètres de largeur.
Mémoire.	»	»	»	»	La servitude s'exerce d'une manière continue par l'écoulement de l'eau, soit dans la cunette de la galerie, soit dans des tuyaux placés *ad hoc* dans l'aqueduc.
Mémoire.	»	»	,	»	»
»	»	»	»	»	Galerie sous la voie publique.

LA DHUYS ET SES ANNEXES.

ET DÉPENDANCES.
de la Dhuys.

10.000 fr.	»	»	»	»	Acquis pour faire les travaux de dérivation et de captation des sources. Les bâtiments ont été démolis. Les terrains occupés par les ouvrages de captation ne peuvent être l'objet ni d'exploitation ni de location.
260 fr.	»	»	»	»	Rus acquis en vue d'empêcher les eaux étrangères de pénétrer dans les sources. Ce terrain, comme les précédents, est affecté aux ouvrages de captation et ne peut être loué.

DÉSIGNATION des IMMEUBLES OU ÉTABLISSEMENTS 1	SITUATION 2	CONTENANCE 3	ORIGINE de LA PROPRIÉTÉ 4	PRIX D'ACQUISITION 5
3. **Moulin de l'Echelle.** Usine et deux parcelles de terre.	Pargny (Aisne).	» h. 03 a. 52 c.	Vente par M. et Mme Lointier, devant Me Barbier, notaire à Artonges, les 21-23 mai 1866.	36.000 fr.
4. **Moulin de l'Echelle.** Valeur industrielle.	Id.	»	Convention avec M. et Mme Lointier, devant Me Barbier, notaire à Artonges, les 21-23 mai 1866.	5.000 fr.
5. **Moulin des Etains.** Valeur industrielle.	Id.	»	Convention avec M. Prieur, devant Me Barbier, notaire à Artonges, les 22-26 septembre 1862.	12.300 fr.
6. **Pargny** (commune de). Chemin de la Croix.	Id.	»	Convention avec la commune de Pargny, devant Me Barbier, notaire à Artonges, les 25, 26 et 29 novembre 1863.	40.000 fr.
7. **Moulin de Pargny.** Valeur industrielle.	Id.	»	Convention avec M. et Mme Viellard, devant Me Leclère, notaire à Condé, le 30 décembre 1862 et le 1er janvier 1863.	26.500 fr.
8. **Moulin des Fouleries.** Valeur industrielle.	Montlevon (Aisne).	»	Convention avec M. Colmont, devant Me Leclère notaire à Condé, le 10 octobre 1869.	17.600 fr.
9. **Moulin de la Fosse.** Valeur industrielle.	Id.	»	Convention avec les époux Hébert, devant Me Leclère, notaire à Condé, le 28 avril 1868.	34.000 fr.
10. **Moulin de Ragrenet.** Valeur industrielle.	Montigny - lès - Condé (Aisne).	»	Convention avec les époux Campeau, devant Me Leclère, notaire à Condé, le 7 janvier 1866.	50.000 fr.
11. **Moulin de Condé.** Valeur industrielle.	Condé-en-Brie (Aisne).	»	Convention avec M. le comte de Sade, devant Me Leclère, notaire à Condé, le 13 juin 1865.	61.500 fr.

VALEUR APPROXIMATIVE		CONCESSION OU LOCATION			OBSERVATIONS
TERRAINS	CONSTRUCTIONS	DURÉE	ACTES	TITULAIRES	
6	7	8	9	10	11
35 fr.	»	»	»	»	Acquis à cause de la suppression des eaux de la Dhuis. Le terrain, affecté aux travaux de captation des sources, ne peut être loué.
»	»	»	»	»	Indemnité de suppression d'usine accordée au fermier à titre gracieux à cause du détournement des eaux de la Dhuis.
»	»	»	»	»	Idem.
»	»	»	»	»	Indemnité à raison des travaux de dérivation.
»	»	»	»	»	Même observation que pour le moulin de l'Échelle.
»	»	»	»	»	Idem.
»	»	»	»	»	Idem.
»	»	»	»	»	Idem.
»	»	»	»	»	Idem.

DÉSIGNATION des IMMEUBLES OU ÉTABLISSEMENTS 1	SITUATION 2	CONTENANCE 3	ORIGINE de LA PROPRIÉTÉ 4	PRIX D'ACQUISITION 5
12. **Montlevon** (commune de). Différentes sources, sans terrain, pouvant servir à la dérivation.	Montlevon (Aisne).	»	Vente par la commune de Montlevon, devant Mᵉ Leclère, notaire à Condé, le 1ᵉʳ septembre 1866.	4.000 fr.
13. **Moulin Babet ou de Mézy-Moulins**, usine, sol, bâtiments, jardin, cour, île, pré.	Mézy-Moulins (Aisne).	» h. 74 a. 50 c.	Vente par M. Viet, devant Mᵉ Bailly, notaire à Jaulgonne, les 10 et 11 avril 1869.	28.000 fr.
14. **Moulin bas de Paroy** ou moulin neuf, usine, sol, bâtiments, cour, jardin, île et terres.	Crézancy (Aisne).	1 h. 33 a. 15 c.	Vente par M. et Mᵐᵉ Filliette, devant Mᵉ Leclère, notaire à Condé, le 28 avril 1868.	82.000 fr.
15. **Moulin de Monthurel**, usine, sol, bâtiments, cour, jardin, terres, pré.	Monthurel (Aisne).	1 h. 54 a. 40 c.	Vente par M. et Mme Carré-Hadot, devant Mᵉ Leclère, notaire à Condé, le 8 février 1867.	34.000 fr.
			2° *Vallée*	
16. **Source**, terre et pré.	Verdon (Marne).	» h 35 a. 33 c.	Vente par les époux Marlé, devant Mᵉ Lemoine, notaire à Moutmirail, le 4 septembre 1866.	9.000 fr.
17. **Sources** de la fontaine aux Boulangers et pré.	Id.	» h. 17 a. 46 c.	Vente par M. Talon Millé, devant Mᵉ Labbé, notaire à Montmirail, les 28 et 30 janvier 1867.	5.000 fr.
18. **Sources** dites de la fontaine aux Boulangers, terre, pré.	Id.	» h. 82 a. 50 c.	Vente par Mlle Flanet, devant Mᵉ Labbé, notaire à Montmirail, le 14 avril 1867.	8.000 fr.
19. **Sources** dites de la fontaine aux Boulangers, terre.	Id.	» h. 21 a. 25 c.	Vente par les époux Millé, devant Mᵉ Labbé, notaire à Montmirail, le 28 janvier 1867.	9.000 fr.

VALEUR APPROXIMATIVE		CONCESSION OU LOCATION			OBSERVATIONS
TERRAINS	CONSTRUCTIONS	DURÉE	ACTES	TITULAIRES	
6	7	8	9	10	11
»	»	»	»	»	Même observation que pour le moulin de l'Échelle.
5.725 fr.	6.000 fr.	9 ans, à partir du 1er novembre 1867. 400 fr. par an.	Bail notarié devant ledit Me Bailly, le 12 juin 1868.	Fillion, meunier, occupant le moulin.	Acquis à cause de la suppression d'une partie de la force motrice, causée par la dérivation de la Dhuis.
10.000 fr.	15.000 fr.	9 ans, à partir du 25 octobre 1868. 1.020 fr. par an.	Bail notarié devant ledit Me Leclère, le 25 octobre 1868.	Brajon, meunier à Crézancy.	Id.
7.000 fr.	7.000 fr.	9 ans, à partir du 1er octobre 1868. 400 fr. par an.	Bail notarié devant ledit Me Leclère, le 11 août 1869.	Lhommé, meunier, demeurant audit moulin.	Id.

du Verdon (1).

(1) Les propriétés art. 16 à 24 ont été acquises en vue de la dérivation des sources du Verdon.

VALEUR APPROXIMATIVE		CONCESSION OU LOCATION			OBSERVATIONS
TERRAINS	CONSTRUCTIONS	DURÉE	ACTES	TITULAIRES	
1.766 fr.	»	9 ans, à partir du 1er décembre 1867. 30 fr. par an.	Bail sous seing privé, du 9 novembre 1866, approuvé le 24 novembre 1869.	Marlé, cultivateur à Verdon.	
673 fr.	»				
3.420 fr.	»				
1.061 fr.	»	9 ans, à partir du 1er décembre 1867. 120 fr. par an.	Bail sous seing privé, du 9 septembre 1868, approuvé le 24 novembre 1869.	Blaise, négociant à Verdon.	

DÉSIGNATION des IMMEUBLES OU ÉTABLISSEMENTS	SITUATION	CONTENANCE	ORIGINE de LA PROPRIÉTÉ	PRIX D'ACQUISITION
1	2	3	4	5
20. Source de la fontaine Lignot et terre.	Verdon (Marne).	12 a. »	Vente par M. et Mme Triolet, devant Mᵉ Lemoine, notaire à Montmirail, le 29 janvier 1867.	6.500 fr.
Source de la Bocquellerie et terre.	Baulne (Aisne).	34 a. 90 } 46 a. 90		
21. Source du Gros-Sourdon et terre.	Id.	» h. 25 a. 20 c.	Vente par les époux Clément, devant Mᵉ Lemoine, notaire à Montmirail, le 29 janvier 1867.	5.000 fr.
22. Sources de Fourches et terre.	Id.	» h. 76 a. » c.	Vente par M. le marquis de Clerc Ladévèze, devant Mᵉ Leclère, notaire à Condé, le 13 avril 1867.	12.500 fr.
23. Source de la Grande-Fontaine et place.	Condé-en-Brie (Aisne).	» h. 11 a. 40 c.	Echange entre la Ville de Paris et la commune de Condé-en-Brie, devant Mᵉ Leclère, notaire à Condé, le 12 avril 1867.	(Soulte). 40.000 fr.
24. Servitudes sur la fontaine aux Boulangers.	Verdon (Marne).	»	Vente par M. Millé-Desgranges, devant Mᵉ Labbé, notaire à Montmirail, les 28-30 janvier 1867.	3.500 fr.

3° *Vallée*

	Congy (Marne).	1 h. 51 a. 48 c.	Vente par M. Renaudin, devant Mᵉ Regnault, notaire à Loisy, le 30 juillet 1859.	5.000 fr.
	Montmort (Marne).	1 h. 20 a. » c.	Vente par les époux Desbeux et Millé, devant Mᵉ Taquoy, notaire à Montmort, les 30-31 juillet 1859.	5.000 fr.
25. Source des Mardelles, terre, pré et bois.	Id.	» h. 50 a. 75 c.	Vente par les époux Courty, devant Mᵉ Taquoy, notaire à Montmort, les 30-31 juillet 1859.	2.000 fr.
	Id.	» h. 33 a. 60 c.	Vente par M. Desbeux-Maillard, devant Mᵉ Taquoy, notaire à Montmort, le 12 avril 1864.	4.600 fr.

VALEUR APPROXIMATIVE		CONCESSION OU LOCATION			OBSERVATIONS
TERRAINS	CONSTRUCTIONS	DURÉE	ACTES	TITULAIRES	
6	7	8	9	10	11
360 fr.	»	»	»	»	Ces terrains, à l'état de friche, ne sont pas susceptibles de location.
500 fr.	»	»	»	»	Compris dans le bail fait au sieur Blaise, et relaté d'autre part, n° 17.
1.500 fr.	»	12 ans, à partir du 1er mars 1861. 19 fr. 80 c par an.	Bail notarié devant Me Leclère, notaire à Condé, le 17 décembre 1859.	Lagarde, cultivateur à la ferme de Fourches.	
500 fr.	»	»	»	»	Ce terrain ne peut être loué, à cause de sa destination de place publique.
»	»	»	»	»	

du Surmelin (1).

(1) Les propriétés art. 25 à 30 ont été acquises en vue de la dérivation des sources du Surmelin.

1.514 fr.	»				
1.200 fr.	»				
507 fr.	»	9 ans, à partir du 1er décembre 1867. 170 fr. par an.	Bail sous seing privé, du 8 septembre 1868, approuvé le 24 novembre 1869.	Crochet-Buffry, cultivateur aux Mardelles, commune de Montmort (Marne).	Cette location ne comprend que 3 hectares 35 ares 85 centiares. Les bois formant le surplus sont réservés et formeront l'objet d'une vente en temps opportun.
336 fr.	»				

DÉSIGNATION des IMMEUBLES OU ÉTABLISSEMENTS 1	SITUATION 2	CONTENANCE 3	ORIGINE de LA PROPRIÉTÉ 4	PRIX D'ACQUISITION 5
25. **Source** des Mardelles, terre, pré et bois.	Montmort (Marne).	» h. 65 a. 45 c.	Vente par M. Buffry-Gerbault, devant Me Taquoy, notaire à Montmort, le 1er août 1864.	2.650 fr.
26. **Sources** des Aulnois de Fraivent, bois, terre, pré, pâture.	Suizy-le-Franc (Marne).	42 h. 45 a. 33 c	Vente par M. et Mme de Sauville, devant Me Auvergnot, notaire à Orbais (Marne), le 12 avril 1864.	120.000 fr.
27. **Source** de la Ville-sous-Orbais et terre.	La Ville-sous-Orbais (Marne).	» h. 16 a. 13 c.	Vente par les époux Sourdet, devant Me Charlot, notaire à Orbais, les 22-23 août 1868.	7.000 fr.
28. **Source** et **Jardin** dits de la Ville-sous-Orbais.	Id.	» h. 08 a. 83 c	Vente par les époux Boblique, devant MeCharlot, notaire à Orbais, les 22-23 août 1868.	4.000 fr.
29. **Source** du **Rosset**. Bois et terre.	Id.	2 h. 45 a. 40 c.	Vente par M. et Mme Hourdry-Lefranc, devant Mr Charlot, notaire à Orbais, le 30 octobre 1868.	9.000 fr.
30. **Ferme** d'en **Bas** ou des **Poissons**, avec les bâtiments et dépendances, sources, moulin, terre, pré, bois, pâture, jardin clos.	Id.	84 h. 95 a. 73 c.	Vente par M. Hourdry, devant Me Maillard, notaire à Château-Thierry, les 31 octobre, 6 et 8 novembre et 15 décembre 1868.	102.000 fr.

VALEUR APPROXIMATIVE		CONCESSION OU LOCATION			OBSERVATIONS
TERRAINS	CONSTRUCTIONS	DURÉE	ACTES	TITULAIRES	
6	7	8	9	10	11
654 fr.	»	9 ans, à partir du 1er décembre 1867. 170 fr. par an.	Bail sous seing privé, du 8 septembre 1868, approuvé le 24 novembre 1869.	Crochet–Buffry, cultivateur aux Mardelles, commune de Montmort (Marne).	
42.453 fr.	»	9 ans, à partir du 1er décembre 1867. 282 fr. par an.	Bail sous seing privé, du 8 septembre 1868, approuvé le 24 novembre 1869.	Barré, cultivateur à Mondelin, commune d'Orbais (Marne).	Il n'y a de loué que 12 hectares 80 ares 59 centiares de terre, pré, pâture. Les bois sont réservés; ils formeront l'objet d'une vente en temps opportun.
		6 ans, à partir du 1er juillet 1869. 50 fr. par an.	Soumission du 1er juin 1868, approuvée par arrêté préfectoral du 10 juillet 1869.	De Sauville, propriétaire, demeurant à Versailles, place Hoche, 4.	Location du droit de chasse.
150 fr.	»	7 ans, à partir du 1er octobre 1870. 16 fr. par an.	Bail sous seing privé, du 10 septembre 1871, approuvé le 30 décembre 1871.	Sourdet, cultivateur à la Ville-sous-Orbais (Marne).	
352 fr.	»	7 ans, à partir du 1er octobre 1870. 18 fr. par an.	Bail sous seing privé, du 10 septembre 1871, approuvé le 30 décembre 1871.	Boblique, propriétaire à la Ville-sous-Orbais (Marne).	
2.454 fr.	»	»	»	»	Cette pièce est comprise dans la location de 430 fr. au sieur Hourdry, ci-après.
77.000 fr.	4.000 fr.	24 ans, du 23 avril 1860 au 23 avril 1884. 3.000 fr. par an.	Bail sous seing privé, du 15 février 1860, et acte de prorogation du 14 juillet 1874, devant Me Charlot, notaire à Orbais.	Hourdry (Edouard), cultivateur à la Ville-sous-Orbais (Marne).	Ce bail ne comprend que 65 hectares 74 ares 98 centiares environ de terres. Les bois sont réservés pour être mis en vente en temps opportun.
		Même durée. 430 fr. par an.	Bail du 10 mai 1870, et acte de prorogation du 14 juillet 1874, devant Me Charlot, notaire à Orbais.		Cette location a pour objet le moulin, 5 hectares 11 ares 37 centiares, compris dans la vente du 15 décembre 1868, et les 2 hectares 45 ares 40 centiares de la vente du 30 octobre 1868 (voir n° 29 ci-dessus).

DÉSIGNATION des IMMEUBLES OU ÉTABLISSEMENTS 1	SITUATION 2	CONTENANCE 3	ORIGINE de LA PROPRIÉTÉ 4	PRIX D'ACQUISITION 5
			4° *Sources de*	
		2 h. 54 a. 50 c.	Vente par M. Simphal, devant Me Briffoteau, notaire à Saint-Cyr, les 20-24 mai 1866.	21.181 fr. 20
		» h. 09 a. 02 c.	Vente par M.et Mme Guillaume, devant Me Briffoteau, notaire à Saint-Cyr, les 20-24 mai 1866.	451 fr.
31. Sources de Hondevilliers ou de la fontaine des Dames, terre, pré.	Hondevilliers (Seine-et-Marne).	» h. 08 a. 64 c.	Vente par M. et Mme Fauvet, devant Me Briffoteau, notaire à Saint-Cyr, les 20-24 mai 1866.	550 fr.
		» h. 54 a. 68 c.	Vente par M. et Mme Plez, devant Me Briffoteau, notaire à Saint-Cyr, les 20-24 mai 1866.	2.734 fr.
		» h. 13 a. 69 c.	Vente par M. et Mme Réniot, devant Me Briffoteau, notaire à Saint-Cyr, les 20-24 mai 1866.	752 fr. 05
			5° *Vallée de la*	
32. Sources, terre, bois, pré, lieu dit le Mont.	Clamanges (Marne).	4 h. 55 a. 49 c.	Vente par divers, devant Me Piat, notaire à Villeseneux, le 7 août 1860.	4.459 fr. 60
			Totaux.........	888.588 fr. 75

VALEUR APPROXIMATIVE		CONCESSION OU LOCATION			OBSERVATIONS
TERRAINS	CONSTRUCTIONS	DURÉE	ACTES	TITULAIRES	
6	7	8	9	10	11

Hondevilliers (1).

(1) Le groupe compris sous l'article 31 a été acquis en vue de la dérivation de ces sources.

5.090 fr.	»		»		
180 fr.	»				
173 fr.	»				
1.008 fr.	»	9 ans, à partir du 1er décembre 1867. 233 fr. par an.	Bail sous seing privé, du 24 août 1868, approuvé le 24 novembre 1869.	Simphal, propriétaire à Hondevilliers.	
274 fr.					

Somme-Soude.

1.089 fr.	»	9 ans, à partir du 1er février 1872. 31 fr. par an.	Bail par adjudication, du 18 février 1872, devant Me Piat, notaire à Villeseneux (Marne).	Gallois, cultivateur à Clamangy (Marne).	Acquis en prévision de la dérivation de la Somme-Soude.
177.524 fr.	32.000 fr.	6.389 fr. 80			

DÉSIGNATION des IMMEUBLES OU ÉTABLISSEMENTS 1	SITUATION 2	CONTENANCE 3	ORIGINE de LA PROPRIÉTÉ 4	PRIX D'ACQUISITION 5
				II. — AQUEDUC
	Département de l'Aisne.	58 h. 34 a. 41 c.		345.148 fr. 93 (1)
	Dép. de Seine-et-Marne.	86 h 81 a. 86 c.	Ventes par divers, suivant actes passés devant les notaires des vendeurs, de 1862 à 1874.	1.120.846 fr. 14 (2)
	Dép. de Seine-et-Oise.	17 h. 04 a. 14 c.		226.300 fr. 73
Zone des terrains occupés par la galerie de dérivation et ses abords.	Dép. de la Seine.	6 h. 90 a. 32 c.		243.437 fr. 24
	Totaux.........	169 h. 10 a. 73 c.		1.935.733 fr. 04 (3)

DÉRIVATION DES SOURCES

I. — IMMEUBLES SOURCIERS

1° Département

1. Sources d'Armentières.	Commune de Saint-Benoît-sous-Vanne.	1 h. » a. » c.	Contrat reçu par Me Bègue, notaire à Villeneuve-l'Archevêque, le 27 novembre 1860. Vendeur : Bourgeon.	50.000 fr.
2. Pièces de terre labourables.	Id.	1 h. 06 a. 74 c	Contrat reçu par Me Bègue, notaire à Villeneuve-l'Archevêque, le 5 juillet 1866. Vendeur : Bourgeon.	7.586 fr.

VALEUR APPROXIMATIVE		CONCESSION OU LOCATION			OBSERVATIONS
TERRAINS	CONSTRUCTIONS	DURÉE	ACTES	TITULAIRES	
6	7	8	9	10	11

DE LA DHUIS.

»	»	»	»	»	(1) La commune de Charly n'est pas comprise dans ces chiffres; le dossier de cette commune manque.
»	»	»	»	»	(2) Plusieurs contrats sont encore à réaliser dans ce département.
»	»	»	»	»	
»	»	»	»	»	
»	»	»	»	»	(3) Ce total peut, en y ajoutant les contrats non encore réalisés, être porté à ..... 1.940.000 fr. Les travaux ont coûté 16.000.000 fr. La dépense de la dérivation exécutée jusqu'en 1874 est de. 17.940.000 fr.

DE LA VALLÉE DE LA VANNE.

ET DÉPENDANCES.

de l'Aube.

2.000 fr.	»	»	»	»	Une partie du terrain est occupée par les ouvrages de captation des sources; le surplus est aménagé pour la préservation des sources et des plantations.
1.000 fr.	»	»	»	»	Idem.

DÉSIGNATION des IMMEUBLES OU ÉTABLISSEMENTS 1	SITUATION 2	CONTENANCE 3	ORIGINE de LA PROPRIÉTÉ 4	PRIX D'ACQUISITION 5
3. Sources de la Bouillarde, terre, prés et bois du Taillis aux Moines.	Saint-Benoît-sur-Vanne.	7 h. » a. » c	Contrat reçu par Mᵉ Froment, notaire à Sens, le 1ᵉʳ octobre 1866. Venderesse : veuve Delaporte.	65.000 fr.
4. Propriété de Gerbeau.	Rigny-le-Ferron (Aube) ; Cailly (Yonne).	Acquis : 240 h. 07 a. » c. Vendu : 105 h. 34 a. » c. Reste : 135 h. 33 a. » c.	Contrat reçu par Mᵉ Froment, notaire à Sens, le 4 septembre 1865. Vendeur : Bouillat (Adolphe-Charles-Louis).	700.000 fr.

2º *Département*

5. Sources de Cérilly, moulin de Cérilly, ferme de la Moinerie.	Communes de Rigny-le-Ferron (Aube), Cérilly et Coulours (Yonne).	163 h. 14 a. 37 c.	Contrat reçu par Mᵉ Rollin, notaire à Sens, le 26 janvier 1865. Vendeur : Verrollot (Louis-Alexis).	380.000 fr.
6. Source et terrains, à Flacy.	Flacy.	» h. 29 a. 65 c.	Acte reçu par Mᵉ Bègue, notaire à Villeneuve-l'Archevêque, le 29 juin 1869. Vendeurs : héritiers Gaudin.	18.000 fr.
7. Moulin de la Pique.	Villeneuve-l'Archevêque.	6 h. 41 a. 39 c.	Contrat reçu par Mᵉ Froment, notaire à Sens, les 7 et 8 avril 1866. Vendeur : Moriamé.	40.000 fr.
8. Moulin de Molinons.	Molinons.	3 h. 16 a. 50 c.	Contrat reçu par Mᵉ Gontier, notaire à Sens, le 4 septembre 1867. Vendeur : Bezine.	150.000 fr.

VALEUR APPROXIMATIVE		CONCESSION OU LOCATION			OBSERVATIONS
TERRAINS	CONSTRUCTIONS	DURÉE	ACTES	TITULAIRES	
6	7	8	9	10	11
5.000 fr.	»	»	»	»	Le terrain, sauf 6 hectares en bois, est occupé par les ouvrages de captation et par des plantations destinées à préserver les sources.
135.000 fr.	65.000 fr.	9 ans, qui expireront après la récolte de 1882.	Baux par adjudication, devant Me Merlet, notaire à Rigny-le-Ferron, le 15 juin 1873.	Divers.	88 hectares de terre sont loués 4.450 fr.; les prés s'amodient tous les ans; les bâtiments ne sont pas occupés; les moulins sont supprimés; les bois se coupent en temps utile; ils ne sont pas aménagés.

de l'Yonne.

VALEUR APPROXIMATIVE		CONCESSION OU LOCATION			OBSERVATIONS
TERRAINS	CONSTRUCTIONS	DURÉE	ACTES	TITULAIRES	
		15 ans, expirant le 23 avril 1875.	Bail sous seing privé, du 13 janvier 1860.	Beau-Fèvre.	9 hectares 47 ares 59 centiares loués 335 fr. 90 c.
120.000 fr.	25.000 fr.	12 ans, expirant le 1er janvier 1887.	Bail par adjudication, devant Me Morel, notaire au Fournaudin, le 23 novembre 1873.	Millet.	5 hectares 48 ares 48 centiares loués 315 fr.
		12 ans, expirant le 23 avril 1886.	Bail par adjudication, devant le même notaire, le 19 avril 1874.	Chossemier (Auguste) fils.	Le surplus est loué, avec le corps de ferme, 4.000 fr. Le moulin est supprimé.
»	»	»	»	»	Une partie de l'immeuble sert aux travaux de captation; le surplus est utilisé pour la continuation du chemin dit de la Planchette.
6.000 fr.	34.000 fr.	6 ans, expirant le 1er janvier 1876.	Bail sous seing privé, du 2 novembre 1869.	M. et Mme Bablon.	Le moulin et ses dépendances sont loués 2.000 fr.
6.000 fr.	50.000 fr.	4 ans, expirant le 1er janvier 1873.	Bail sous seing privé, du 27 octobre 1869.	Veuve Edmond-Isidore Dezine.	Le moulin et ses dépendances sont loués 4.000 fr.; le bail continue par tacite reconduction.

DÉSIGNATION des IMMEUBLES OU ÉTABLISSEMENTS 1	SITUATION 2	CONTENANCE 3	ORIGINE de LA PROPRIÉTÉ 4	PRIX D'ACQUISITION 5
9. **Moulin** de Foissy.	Foissy.	2 h. 90 a. 61 c.	Contrat reçu par Me Lesvier, notaire à Villeneuvel'Archevêque, les 26 et 29 mai 1868. Vendeur : de Bérulle.	30.000 fr.
		1 h. 53 a. 12 c.	Contrat reçu par Me Froment, notaire à Sens, le 24 novembre 1860. Venderesse : Chérot (Louise).	4.700 fr.
		1 h. 40 a. 87 c.	Venderesse : De Camusat-Busserolles.	4.500 fr.
10. **Source** de Chigy ou du Maroy.	Chigy.	» h. 14 a. 65 c.	Contrat reçu par Me Regnier, notaire à Theil, le 27 novembre 1860. Vendeur : Lhoste (Amand-Arsène).	2.000 fr.
		» h. 14 a. 20 c.	Contrat reçu par Me Regnier, notaire à Theil, le 28 octobre 1862. Venderesse : commune de Chigy.	6.000 fr.
10 bis. **Prés et pâtures** de Chigy.	Id.	16 h. 01 a. 10 c.	Contrat reçu par Me Lesvier, notaire à Villeneuvel'Archevêque, les 27 et 29 janvier 1870. Venderesse : commune de Chigy.	62.000 fr.
11. **Moulin** de Chigy.	Id.	» h. 20 a. »» c.	Contrat reçu par Me Regnier, notaire à Theil, le 5 juillet 1866. Vendeur : Brûlé (Flavien).	60.000 fr.
12. **Moulin** de Pont-sur-Vanne.	Pont-sur-Vanne.	» h. 06 a. 86 c.	Contrat reçu par Me Bourgeon, notaire à Cerizier, les 27 janvier et 9 février 1870. Vendeurs : héritiers Poulain-Mossot.	30.250 fr.
13. **Sources** de Saint-Philibert.	Theil.	» h. 51 a. »» c.	Contrat reçu par Me Regnier, notaire à Theil, le 25 novembre 1860. Vendeurs : veuve Morvant et consorts.	20.000 fr.
14. **Première source** de Malhortie.	Id.	2 h. 53 a. »» c.	Contrat reçu par Me Regnier, notaire à Theil, le 27 novembre 1860. Vendeurs : M. et Mme Billebault.	45.500 fr.

VALEUR APPROXIMATIVE		CONCESSION OU LOCATION			OBSERVATIONS
TERRAINS	CONSTRUCTIONS	DURÉE	ACTES	TITULAIRES	
6	7	8	9	10	11
3,000 fr.	27,000 fr.	3, 6 ou 9 ans, à partir du 1er mai 1870.	Bail sous seing privé, du 30 avril 1870.	Mittet.	Le moulin et ses dépendances sont loués 1.200 fr.
3.200 fr.	»	»	»	»	La parcelle de pâture est amodiée chaque année. Idem. Utilisée par les travaux de captation.
16.000 fr.	»	»	»	»	Idem. Ces prés et pâtures sont amodiés tous les ans.
»	»	»	»	»	Moulin transformé, en 1873, en machine élévatoire pour relever les sources de Chigy et du Maroy.
200 fr.	18.000 fr.	12 ans, expirant le 1er janvier 1871.	Bail du 17 juin 1858, devant Me Regnier, notaire à Theil.	Payen (Jean-Marie).	Le bail, qui est de 1.000 fr., continue par tacite reconduction.
500 fr.	»	»	»	»	La pâture est amodiée tous les ans.
2.500 fr.	»	»	»	»	Idem.

DÉSIGNATION des IMMEUBLES OU ÉTABLISSEMENTS 1	SITUATION 2	CONTENANCE 3	ORIGINE de LA PROPRIÉTÉ 4	PRIX D'ACQUISITION 5
15. Deuxième **source** de Malhortie.	Theil.	» h. 15 a. 32 c.	Contrat reçu par Mᵉ Regnier, notaire à Theil, le 25 novembre 1860. Vendeur : Caprais-Roy.	4.000 fr.
16. **Sources** de Theil.	Id.	5 h. » a. » c.	Contrat reçu par Mᵉ Regnier, notaire à Theil, le 21 janvier 1861. Vendeur : Lécorchez.	120.000 fr.
17. **Source** du Chapeau, terre, moulin, rachat de chute du moulin et de droit d'irrigation.	Id.	» h. 71 a. 70 c.	Contrat reçu par Mᵉ Regnier, notaire à Theil, le 7 mai 1861. Vendeur : Corpechot.	93.857 fr. 55
18. **Sources** de Theil. Cession de droit et de servitude sur la source Lécorchez.	Id.	»	Contrat reçu par Mᵉ Froment, notaire à Sens, le 3 septembre 1867. Vendeur : Ouachée.	1.266 fr. 30
19. **Ferme et pavillon** de Malhortie.	Id.	Acquis : 19 h. 77 a. 50 c. Vendu : 4 h. 59 a. 48 c. Reste : 15 h. 18 a. 02 c.	Contrat reçu par Mᵉ Froment, notaire à Sens, le 26 janvier 1865. Vendeurs : M. et Mme Billebault.	107.100 fr.
20. **Moulin** de la Forge et dépendances.	Id.	8 h. 85 a. 17 c.	Contrat reçu par Mᵉ Froment, notaire à Sens, le 4 juillet 1866. Vendeur : M. de Chaune.	156.000 fr.
21. **Pièce de terre** labourable, acquise en vue du remblai des pièces d'eau Lécorchez.	Id.	» h. 78 a. 22 c.	Contrat reçu par Mᵉ Regnier, notaire à Theil, le 5 juillet 1866. Venderesse : veuve Girault-Velat.	3.267 fr. 90
22. **Maison** et dépendances sises au village de Theil.	Id.	1 h. 82 a. 11 c.	Contrat reçu par Mᵉ Sepot, notaire à Theil, les 22 mai et 13 juin 1868. Vendeur : Doniau.	14.000 fr.

VALEUR APPROXIMATIVE		CONCESSION OU LOCATION			OBSERVATIONS
TERRAINS	CONSTRUCTIONS	DURÉE	ACTES	TITULAIRES	
6	7	8	9	10	11
75 fr.	»	»	»	»	Ces 15 ares 32 centiares ne sont pas loués et ne peuvent être d'aucun produit.
5.000 fr.	»	»	»	»	Utilisés en grande partie par les travaux de captation; une faible partie s'amodie parfois.
700 fr.	»	»	»	»	Une partie des 71 ares 70 centiares (ce qui est en pré) s'amodie tous les ans.
»	»	»	»	»	
40.000 fr.	10.000 fr.	18 ans, expirant en 1880.	Bail devant Me Regnier, notaire à Theil, du 2 septembre 1861.	Bourgeois.	5 hectares 17 ares 25 centiares loués 333 fr.
		6 ans, expirant en 1880.	Bail par adjudication devant Me Froment, notaire à Sens, le 14 juin 1874.	Divers.	Le surplus est loué 470 fr.
»	»	»	»	»	Usine transformée, en 1873, en machine élévatoire pour relever une partie des sources de Saint-Philibert, Malhortie, Caprais — Roy, Theil et Noé.
300 fr.	»	6 ans, expirant en 1880.	Bail par adjudication, devant Me Froment, notaire à Sens, le 14 juin 1874.	Simonnet (Jean).	Partie de cette parcelle a été utilisée pour les remblais; le surplus est loué 17 fr.
2.400 fr.	»	Id.	Id.	Guillemot (Honoré).	Les prés s'amodient verbalement tous les ans. La maison a été transformée en maison d'école et cédée à la commune de Theil en vertu de conventions spéciales; la pièce de terre est louée moyennant 52 fr.

DÉSIGNATION des IMMEUBLES OU ÉTABLISSEMENTS 1	SITUATION 2	CONTENANCE 3	ORIGINE de LA PROPRIÉTÉ 4	PRIX D'ACQUISITION 5
23. Terrain Girardeau.	Vaumort.	1 h. 19 a. 70 c.	Contrat reçu par Mᵉ Sepot, notaire à Theil, le 3 septembre 1867. Vendeur : Girardeau.	8.000 fr.
24. Source de Noé.	Noé.	»	Contrat reçu par Mᵉ Regnier, notaire à Theil, le 25 novembre 1860. Vendeurs . Havard et Haudry.	40.000 fr.
25. Sources de Noé.	Id.	» h. 18 a. 64 c.	Contrat reçu par Mᵉ Sepot, notaire à Theil, le 27 mai 1868. Vendeur : Barré.	20.000 fr.
26. Source de Noé. Cession de droit de servitude sur la source Barré.	Id.	»	Contrat reçu par Mᵉ Bondouard, notaire à Véron, le 14 décembre 1868. Vendeur : Rocher.	2.000 fr.
27. Moulin de Malay-le-Petit ou Malay-le-Roi.	Malay-le-Roi.	1 h. 75 a. 70 c.	Contrat reçu par Mᵉ Froment, notaire à Sens, le 8 avril 1866. Vendeur : Querelle.	180.000 fr.
28. Grands moulins de Malay-le-Grand ou Malay-le-Vicomte et dépendances.	Malay-le-Vicomte.	1 h. 34 a. » c.	Contrat reçu par Mᵉ Cornaille, notaire à Sens, les 26 et 27 avril 1865. Vendeurs : Collard et Thénard.	61.500 fr.
29. Moulin de Fréparoy et dépendances.	Malay-le-Vicomte et Malay-le-Roi.	» h. 84 a. 21 c.	Contrat reçu par Mᵉ Bondard, notaire à Sens, le 5 septembre 1865. Vendeurs : veuve Joubert et Bourdeau.	25.000 fr.
30. Moulin de Maillot, sur la grande Vanne.	Maillot.	1 h. 15 a. 51 c.	Contrat reçu par Mᵉ Bondouard, notaire à Véron, le 1ᵉʳ octobre 1866. Vendeur : Mathieu.	85.000 fr.

VALEUR APPROXIMATIVE		CONCESSION OU LOCATION			OBSERVATIONS
TERRAINS	CONSTRUCTIONS	DURÉE	ACTES	TITULAIRES	
6	7	8	9	10	11
2,000 fr.	»	»	»	»	La Ville n'a acquis que la nue propriété des 1 hectare 19 ares 70 centiares, qu'elle revendra en temps opportun.
100 fr.	»	»	»	»	Le terrain est utilisé par les travaux de captation.
200 fr.	»	»	»	»	Non loués; occupés en partie par les travaux de captation.
»	»	»	»	»	
3,000 fr.	»	»	»	»	Ce moulin a été, en 1873, transformé en usine élévatoire des sources basses; les terre, jardin et pré qui en dépendent ne sont pas loués.
2,000 fr.	20,000 fr.	3 ans, expirant le 2 juin 1868.	Bail du 27 juin 1865, devant Me Froment, notaire à Sens.	Gassot aîné.	Le bail, dont le fermage est de 1.500 francs, continue par tacite reconduction.
2,000 fr.	1,000 fr.	4 ans, expirant le 1er janvier 1870.	Bail sous seing privé, du 20 août 1866.	Haudry.	Le bail, qui ne comprend que les dépendances du moulin (incendié avant l'acquisition), est de 80 francs par an; il continue par tacite reconduction.
3,000 fr.	50,000 fr.	9 ans, expirant le 1er mai 1876.	Baux sous seing privé, des 3 janvier 1866, 25 avril 1866 et 20 octobre 1867.	Rondeau.	Cette usine sera revendue en temps opportun; elle est louée 4,300 francs.

DÉSIGNATION des IMMEUBLES OU ÉTABLISSEMENTS 1	SITUATION 2	CONTENANCE 3	ORIGINE de LA PROPRIÉTÉ 4	PRIX D'ACQUISITION 5
31. **Moulin** de Saint-Paul, sur le ru de Montsalé.	Sens.	» h. 39 a. 30 c.	Contrat reçu par Mᵉ Rollin, notaire à Sens, le 17 juin 1862. Vendeurs : héritiers Denisot.	85.000 fr.
32. **Force motrice** du moulin de Moque-Souris, même ru.	Id.	»	Contrat reçu par Mᵉ Cornaille, notaire à Sens, le 17 juin 1862. Vendeur : Foussé.	195.000 fr.
33. **Force motrice** du moulin de Montsalé, même ru.	Id.	»	Contrat reçu par Mᵉ Boudard, notaire à Sens, le 5 août 1862. Vendeur : Déon-Henriot.	95.000 fr.
34. **Force motrice** de la Roue Volante, fabrique de rasoirs, même ru.	Id.	»	Contrat reçu par Mᵉ Chardon, notaire à Sens, les 6-7 août 1862. Vendeur : Durand.	25.000 fr.
35. **Moulin du Roi**, sur la grande Vanne.	Id.	2 h. 26 a. 06 c.	Contrat reçu par Mᵉ Froment, notaire à Sens, le 25 avril 1865. Vendeur : Plicque.	600.000 fr.
36. **Usine à tan** dite des Vannes. Moulin à blé de la Scierie et dépendances.	Id.	9 h. 21 a. 63 c.	Contrat reçu par Mᵉ Boudard, notaire à Sens, et Mᵉ Pascal, notaire à Paris, le 11 août 1865. Vendeurs : héritiers Charpillon.	400.000 fr.
37. **Moulin** du Pont-Bruant.	Id.	» h. 15 a. 50 c.	Contrat reçu par Mᵉ Froment, notaire à Sens, le 1ᵉʳ décembre 1866. Vendeurs : héritiers Boucheron.	62.000 fr.

VALEUR APPROXIMATIVE		CONCESSION OU LOCATION			OBSERVATIONS
TERRAINS	CONSTRUCTIONS	DURÉE	ACTES	TITULAIRES	
6	7	8	9	10	11
1.000 fr.	3.000 fr.	»	»	»	Usine supprimée.
»	»	»	»	»	
»	»	»	»	»	Indemnité pour suppression de la force.
»	»	»	»	»	
8.000 fr.	200.000 fr.	4 ans, expirant le 1er mai 1878.	Bail par adjudication, devant Me Froment, notaire à Sens, le 7 décembre 1873.	Massey et Bréant.	Ce moulin et ses dépendances sont loués 8.020 fr.
		15 ans, expirant le 1er juin 1877.	Usine à tan. Bail devant Me Boudard, notaire à Sens, le 30 août 1862.	Paulmier et Marion.	L'usine à tan et ses dépendances sont louées 12.600 fr.
20.000 fr.	200.000 fr.	14 ans 8 mois, expirant le 1er juin 1877.	Maison d'habitation. Bail sous seing privé, du 1er avril 1863.	Marion.	La maison d'habitation est louée 1.000 fr.
		6 ou 12 ans, qui ont commencé le 8 septembre 1872.	Moulin à blé. Bail devant Me Froment, notaire à Sens, le 8 septembre 1872.	Brûlé (Louis-Frédéric).	Le moulin à blé est loué 4.000 fr.
		A l'année.	Dépendances. Bail verbal.	Chartraire.	Le fermage de la parcelle de terre est de 6 fr.
5.000 fr.	40.000 fr.	6 ou 12 ans, qui ont commencé le 1er juillet 1872.	Bail par adjudication, devant Me Froment, notaire à Sens, le 25 février 1872.	Boucheron (Alphonse).	Ce moulin est loué 2.720 fr.

DÉSIGNATION des IMMEUBLES OU ÉTABLISSEMENTS 1	SITUATION 2	CONTENANCE 3	ORIGINE de LA PROPRIÉTÉ 4	PRIX D'ACQUISITION 5
38. **Moulin** à tan dit des Boutours, dérivation de la grande Vanne.	Sens.	1 h. 53 a. 90 c.	Contrat reçu par Mᵉ Froment, notaire à Sens, le 18 mars 1867. Vendeur : Salleron.	85.000 fr.
39. **Sources** de Cochepies.	Villeneuve-sur-Yonne.	»	Contrat reçu par Mᵉ Pille, notaire à Sens, le 28 août 1867. Vendeur : Paillot.	20.000 fr.
40. **Terrains** entourant lesdites sources.	Id.	10 h. 23 a. » c.	Contrat reçu par Mᵉ Lemoce de Vaudenard, notaire à Villeneuve-sur-Yonne, le 30 août 1872. Vendeur : Paillot.	50.000 fr.
40 bis. **Chute d'eau** de l'Isle-Allard.	Malay-le-Vicomte.	» h. 48 a. 70 c.	Contrat reçu par Mᵉ Gautier, notaire à Sens, le 24 décembre 1873. Vendeurs : héritiers Rameau.	15.000 fr.
41. **Droit** de servitude cédé par la commune de Theil-sur-Vanne.	Theil-sur-Vanne.	»	Contrat reçu par Mᵉ Sepot, notaire à Theil, le 25 mai 1869.	20.000 fr.

II. — Aqueducs de dérivation des

1º *Département*

42. **Aqueduc.**	Saint-Benoît-sur-Vanne.	» h. 50 a. 17 c.	Adhésions, cessions et quittances par divers, 1867-1873.	7.000 fr.
43. Id.	Saint-Benoît et Rigny-le-Ferron.	» h. 78 a. 21 c.	Id.	9.321 fr.
44. Id.	Rigny-le-Ferron.	5 h. 21 a. 73 c.	Id.	32.201 fr. 08

VALEUR APPROXIMATIVE		CONCESSION OU LOCATION			OBSERVATIONS
TERRAINS	CONSTRUCTIONS	DURÉE	ACTES	TITULAIRES	
6	7	8	9	10	11
2.000 fr.	50.000 fr.	3, 6 ou 9 ans, qui ont commencé le 1er juin 1872.	Bail par adjudication, devant Me Froment, notaire à Sens, le 25 février 1872.	Boulot (Désiré).	Ce moulin est loué 2.500 fr.
»	»	12 ans, qui ont commencé le 20 avril 1873.	Bail par adjudication, devant Me Lemoce de Vaudenard, notaire à Villeneuve-sur-Yonne, le 20 avril 1873.	Hervault.	La chute d'eau est louée 370 fr.
20.000 fr.	»	Id.	Id.	Divers.	Ces terrains sont loués 731 fr.
1.500 fr.	2.000 fr.	A l'année.	Bail verbal.	Larousse.	La chute d'eau n'est pas utilisée; la pièce de pré est louée 50 fr.
»	»	»	»	»	La somme de 20.000 fr. représente la dépense des travaux à la charge de la ville de Paris en échange de la cession consentie par la commune de Theil.

SOURCES DE LA VALLÉE DE LA VANNE (1).

de l'Aube.

»	»	»	»	»	(1) Délibérations du Conseil municipal, des 29 décembre 1865 et 10 novembre 1866. — Décret déclaratif d'utilité publique, du 19 décembre 1866.
»	»	»	»	»	
»	»	«	»	»	

DÉSIGNATION des IMMEUBLES OU ÉTABLISSEMENTS 1	SITUATION 2	CONTENANCE 3	ORIGINE de LA PROPRIÉTÉ 4	PRIX D'ACQUISITION 5
				2° *Département*
Aqueduc. 45.	Cérilly.	9 h. 55 a. 90 c.	Adhésions, cessions et quittances par divers, 1867-1873.	76.736 fr. 75
Id. 46.	Flacy.	10 h. 77 a. 63 c.	Id.	62.985 fr.
Id. 47.	Villeneuve-l'Archevêque.	1 h. 52 a. 47 c.	Id.	7.616 fr. 25
Id. 48.	Molinons.	4 h. 61 a. 66 c.	Id.	20.284 fr. 71
Id. 49.	Foissy.	7 h. 06 a. 47 c.	Id.	60.579 fr. 30
Id. 50.	Chigy.	13 h. 49 a. 09 c.	Id.	62.200 fr. 34
Id. 51.	Pont-sur-Vanne.	5 h. 34 a. 36 c.	Id.	18.171 fr. 78
Id. 52.	Theil.	4 h. 46 a. 26 c.	Id.	31.409 fr. 13
Id. 53.	Noé.	» h. » a. 73 c.	Id.	58 fr. 40
Id. 54.	Villiers-Louis.	2 h. 56 a. 81 c.	Id.	17.933 fr. 16
Id. 55.	Malay-le-Roi.	9 h. 81 a. 74 c.	Id.	63.008 fr. 58
Id. 56.	Malay-le-Vicomte.	5 h. 94 a. 95 c.	Id.	30.155 fr. 17
Id. 57.	Sens.	7 h. 38 a. 91 c.	Id.	53.932 fr. 05
Id. 58.	Id.	2 h. 15 a. 75 c.	Id.	10.963 fr. 62
Id. 59.	Soucy.	7 h. 11 a. 74 c.	Id.	37.997 fr. 06
Id. 60.	La Chapelle-sur-Orense.	» h. » a. 95 c.	Id.	25 fr.

VALEUR APPROXIMATIVE		CONCESSION OU LOCATION			OBSERVATIONS
TERRAINS	CONSTRUCTIONS	DURÉE	ACTES	TITULAIRES	
6	7	8	9	10	11

de l'Yonne.

»	»	»	»	»	
»	»	»	»	»	
»	»	»	»	»	
»	»	»	»	»	
»	»	»	»	»	
»	»	»	»	»	
»	»	»	»	»	
»	»	»	»	»	
»	»	»	»	»	
»	»	»	»	»	
»	»	»	»	»	
»	»	»	»	»	
»	»	»	»	»	
»	»	»	»	»	
»	»	»	»	»	

DÉSIGNATION des IMMEUBLES OU ÉTABLISSEMENTS 1	SITUATION 2	CONTENANCE 3	ORIGINE de LA PROPRIÉTÉ 4	PRIX D'ACQUISITION 5
Aqueduc. 61.	Guy.	2 h. 56 a. 69 c.	Adhésions, cessions et quittances par divers, 1867-1873.	17.803 fr. 04
Id. 62.	Evry.	5 h. 17 a. 99 c.	Id.	29.035 fr. 44
Id. 63.	Gisy-les-Nobles.	2 h. 75 a. 90 c.	Id.	16.122 fr. 20
Id. 64.	Villeperrot.	2 h. 98 a. 56 c.	Id.	16.707 fr. 36
Id. 65.	Pont-sur-Yonne.	6 h. 62 a. 91 c.	Id.	31.623 fr. 42
Id. 66.	Villemanoche.	3 h. 88 a. 89 c.	Id.	27.734 fr. 77
Id. 67.	Champigny.	7 h. 34 a. 90 c.	Id.	61.266 fr. 99
Id. 68.	Chaumont.	2 h. 21 a. 06 c.	Id.	23.265 fr. 31
Id. 69.	Saint-Agnan.	5 h. 15 a. 94 c.	Id.	43.574 fr. 22
Id. 70.	Villeneuve-la-Guyard.	2 h. 92 a. 60 c.	Id.	20.484 fr. 96

3° *Département*

Aqueduc. 71.	La Brosse-Montceaux.	3 h. 96 a. 54 c.	Adhésions, cessions et quittances par divers, 1867-1873.	60.080 fr. 54
Id. 72.	Esmans.	6 h. 30 a. 20 c.	Id.	44.268 fr. 97
Id. 73.	Noisy-le-Sec.	3 h. 94 a. 02 c.	Id.	34.667 fr. 74
Id. 74.	Ville-Saint-Jacques.	5 h. 82 a. 01 c.	Id.	73 012 fr. 05
Id. 75.	Montarlot.	1 h. 24 a. 54 c.	Id.	26.358 fr. 20
Id. 76.	La Grande-Paroisse.	1 h. 08 a. 99 c.	Id.	22.382 fr. 56

VALEUR APPROXIMATIVE		CONCESSION OU LOCATION			OBSERVATIONS
TERRAINS	CONSTRUCTIONS	DURÉE	ACTES	TITULAIRES	
6	7	8	9	10	11
»	»	»	»	»	
	»	»	»	»	
»	»	»	»	»	
»	»	»	»	»	
»	»	»	»	»	
»	»	»	»	»	
»	»	»	»	»	
»	»	»	»	»	
»	»	»	»	»	
»	»	»	»	»	

de Seine-et-Marne.

»	»	»	»	»	
»	»	»	»	»	
»	»	»	»	»	
»	»	»	»	»	
»	»	»	»	»	
»	»	»	»	»	

DÉSIGNATION des IMMEUBLES OU ÉTABLISSEMENTS 1	SITUATION 2	CONTENANCE 3	ORIGINE de LA PROPRIÉTÉ 4	PRIX D'ACQUISITION 5
Aqueduc. 77.	Ecuelles.	3 h. 14 a. 89 c.	Adhésions, cessions et quittances par divers, 1867-1873.	46.399 fr. 24
Id. 78.	Moret.	3 h. 56 a. 74 c.	Id.	37.245 fr. 55
Id. 79.	Fontainebleau.	24 h. 53 a. 09 c.	Id.	73.061 fr. 80
Id. 80.	Arbonne.	3 h. 70 a. 75 c.	Id.	2.044 fr. 06
Id. 81.	Noisy-sur-Ecolle.	3 h. 17 a. 83 c.	Id.	4.655 fr. 94

4ᵘ *Département*

Aqueduc. 82.	Milly.	7 h. 88 a. 84 c.	Adhésions, cessions et quittances par divers, 1867-1873.	17.870 fr. 24
Id. 83.	Courances.	3 h. 80 a. 47 c.	Id.	27.729 fr. 62
Id. 84.	Dannemois.	4 h. 36 a. 63 c.	Id.	28.368 fr. 17
Id. 85.	Soisy-sur-Ecole.	1 h. 15 a. 49 c.	Id.	8.483 fr. 52
Id. 86.	Champcueil.	7 h. 03 a. 73 c.	Id.	53.710 fr. 20
Id. 87.	Chevannes.	5 h. 95 a. 24 c.	Id.	55.892 fr. 78
Id. 88.	Menuecy.	6 h. 53 a. 17 c.	Id.	52.154 fr. 98
Id. 89.	Villabé.	2 h. 12 a. 60 c.	Id.	50.318 fr. 12
Id. 90.	Lisses.	4 h. 44 a. 45 c.	Id.	72.079 fr. 58
Id. 91.	Courcouronnes.	2 h. 75 a. 64 c.	Id.	34.110 fr. 25
Id. 92.	Bondoufle.	» h. 14 a. 10 c.	Id.	2.717 fr. 50

VALEUR APPROXIMATIVE		CONCESSION OU LOCATION			OBSERVATIONS
TERRAINS	CONSTRUCTIONS	DURÉE	ACTES	TITULAIRES	
6	7	8	9	10	11
»	»	»	»	»	
»	»	»	»	»	
»	»	»	»	»	
»	»	»	»	»	
»	»	»	»	»	

de Seine-et-Oise.

»	»	»	»	»	
»	»	»	»	»	
»	»	»	»	»	
»	»	»	»	»	
»	»	»	»	»	
»	»	»	»	»	
»	»	»	»	»	
»	»	»	»	»	
»	»	»	»	»	
»	»	»	»	»	
»	»	»	»	»	

DÉSIGNATION des IMMEUBLES OU ÉTABLISSEMENTS 1	SITUATION 2	CONTENANCE 3	ORIGINE de LA PROPRIÉTÉ 4	PRIX D'ACQUISITION 5
Aqueduc. 93.	Ris-Orangis.	2 h. 59 a. 35 c.	Adhésions, cessions et quittances par divers, 1867-1873.	80.764 fr. 86
Id. 94.	Fleury-Mérogis.	» h. 33 a. 14 c.	Id.	410 fr. 74
Id. 95.	Grigny.	4 h. 67 a. 12 c.	Id.	91.328 fr. 10

5° *Département*

Aqueduc. 96.	Viry-Châtillon.	3 h. 28 a. 69 c.	Adhésions, cessions et quittances par divers, 1867-1873.	24.600 fr. »
Id. 97.	Savigny-sur-Orge.	1 h. 81 a. 25 c.	Id.	16.300 fr. »
Id. 98.	Paray.	5 h. 23 a. 34 c.	Id.	41.800 fr. »

6° *Département*

Aqueduc. 99.	Rungis.	1 h. 37 a. 06 c.	Adhésions, cessions et quittances par divers, 1867-1873.	12.300 fr. »
Id. 100.	Chevilly.	2 h. 08 a. 96 c.	Id.	22.900 fr. »
Id. 101.	L'Hay.	1 h. 62 a. 75 c.	Id.	20.300 fr. »
Id. 102.	Arcueil.	4 h. 06 a. 74 c.	Id.	81.000 fr. »
Id. 103.	Bagneux.	» h. 26 a. 23 c.	Id.	5.200 fr. »
Id. 104.	Gentilly.	1 h. 05 a. 50 c.	Id.	65.000 fr. »

VALEUR APPROXIMATIVE		CONCESSION OU LOCATION			OBSERVATIONS
TERRAINS	CONSTRUCTIONS	DURÉE	ACTES	TITULAIRES	
6	7	8	9	10	11
»	»	»	»	»	
»	»	»	»	»	
»	»	»	»	»	

de Seine-et-Oise.

»	»	»	»	»	
»	»	»	»	»	
»	»	»	»	»	

de la Seine.

»	»	»	»	»	
»	»	»	»	»	
»	»	»	»	»	
»	»	»	»	»	
»	»	»	»	»	
»	»	»	»	»	

DÉSIGNATION des IMMEUBLES OU ÉTABLISSEMENTS 1	SITUATION 2	CONTENANCE 3	ORIGINE de LA PROPRIÉTÉ 4	PRIX D'ACQUISITION 5

PUITS

DÉSIGNATION	SITUATION	CONTENANCE	ORIGINE de LA PROPRIÉTÉ	PRIX D'ACQUISITION
Puits de la Butte-aux-Cailles.	Rue de la Butte-aux-Cailles, n° 3 (13ᵉ arrondiss.).	3.403 m. 53	Contrat reçu par Mᵉ Mocquard, notaire à Paris, le 8 août 1863. — Vendeurs : sieur et dame Perret et demoiselle Philippe.	51.373 fr. 05
	Id.	5 m. 84	Convention verbale, juin 1860. Veuve Goimbault.	116 fr. 88
	Impasse du Moulin-des-Prés.	95 m. 05	Contrat reçu par Mᵉˢ Mocquard et Prestat, notaires à Paris, les 25 janvier et 1ᵉʳ février 1864.	3.000 fr. »
— de la place Hébert.	Place Hébert et rue des Fillettes (18ᵉ arrondiss.).	3.771 m. 48	Acte reçu par Mᵉ Mocquard, le 4 décembre 1862. —Vendeur : M. Deschamps.	91.475 fr. »

USINES

1° *Usines situées*

DÉSIGNATION	SITUATION	CONTENANCE	ORIGINE de LA PROPRIÉTÉ	PRIX D'ACQUISITION
1. **Usine** du quai d'Austerlitz.	Quai d'Austerlitz, 31 (13ᵉ arrondiss.).	2.756 m. 25	Cession par l'Etat à la Ville de Paris. Arrêté des consuls du 6 prairial an XI.	»
2. — d'Auteuil.	Route de Versailles, 77 (16ᵉ arrondiss.).	1.860 m. »	Cession à la Ville de Paris par la Compagnie générale des eaux. Traité du 11 juillet 1860.	»
3. — de Chaillot.	Quai de Billy et boulevard de l'Empereur (16ᵉ arrondiss.).	4.640 m. 90	Cession par l'Etat à la Ville de Paris. Arrêté des consuls du 6 prairial en XI.	»
4. — de la Fontaine-du-But.	Rue de la Fontaine-du-But et rue Saint-Vincent (18ᵉ arrondiss.).	200 m. 84	Sol de la voie publique.	»

VALEUR APPROXIMATIVE		CONCESSION OU LOCATION			OBSERVATIONS
TERRAINS	CONSTRUCTIONS	DURÉE	ACTES	TITULAIRES	
6	7	8	9	10	11

ARTÉSIENS.

51.373 fr. 05	5.190 fr. 20	(1)	Arrêté du 8 janvier 1867.	Dame Goim-bault, aujourd'hui Lenos.	(1) Tolérance d'un jour de souffrance, propriété rue de la Butte-aux-Cailles, 1. Redevance, 5 fr. par an.
116 fr. 88	»	»	»	»	
3.000 fr. »	»	»	»	»	Ce terrain sert au passage de l'égout de décharge en Bièvre.
90.000 fr. »	»	»	»	»	

HYDRAULIQUES.

dans Paris.

220.000 fr.	400.000 fr	»	»	»	Eaú de Seine. Machine à vapeur.
134.500 fr.	8.000 fr.	»	»	»	Id.
900.000 fr.	600.000 fr.	»	»	»	Id.
20.000 fr.	10 000 fr.	»	»	»	Id. Construction provisoire.

DÉSIGNATION des IMMEUBLES OU ÉTABLISSEMENTS 1	SITUATION 2	CONTENANCE 3	ORIGINE de LA PROPRIÉTÉ 4	PRIX D'ACQUISITION 5
5. Usine de Ménilmontant.	Entre la rue Haxo et les réservoirs de Ménilmontant (20ᵉ arrondiss.).	1.457 m. 70	Vente par divers en 1866.	45.692 fr. 50
6. — de l'Ourcq.	Boulevard de la Villette, 137 (19ᵉ arrondiss.).	1.448 m. 45	Ancienne usine mue par une chute du canal Saint-Martin. Contrat d'acquisition du 5 août 1862. Vendeur : Bertot.	375.000 fr. »

2º *Usines situées*

	Département de la Seine.			
7. Usine de Maisons-Alfort.	Route du Pont-d'Ivry.	1.910 m. 30	Cession à la Ville par la Compagnie générale des eaux. Traité du 11 juillet 1860.	297.560 fr. 87
8. — de Port-à-l'Anglais.	Quai du même nom et rue de la Pompe, à Ivry.	1.695 m. »	Id.	»
9. Usines de Saint-Maur.	Communes de Joinville-le-Pont et de Saint-Maurice, à gauche et à droite du canal de Saint-Maur. Rive gauche, 12 h. 24 a. 19 Rive droite, 15 h. 27 a. 84 — 27 h. 52 a. 03		Cession par MM. Darblay et Béranger des anciens moulins de Saint-Maur et usines annexes. Décret du 9 septembre 1864. Acte devant Mᵉ Mocquard, notaire, le 6 septembre 1864.	300.000 fr. » (1)
A. Machine hydraulique.	»	»	»	»
B. Machine à vapeur.	»	»	,	».

VALEUR APPROXIMATIVE		CONCESSION OU LOCATION			OBSERVATIONS
TERRAINS	CONSTRUCTIONS	DURÉE	ACTES	TITULAIRES	
6	7	8	9	10	11
36.000 fr. »	100.000 fr. »	»	»	»	Eau de Dhuys et eau de Marne. Machine à vapeur.
140.000 fr. »	80.000 fr. »	»	»	»	Eau d'Ourcq. Machine à vapeur.

hors Paris.

30.000 fr. »	150.000 fr. »	»	»	»	Eau de Seine Machine à vapeur.
25.000 fr. »	260.000 fr. »	»	»	»	Id.
»	»	»	»	»	(1) En sus de ce prix principal, il a été payé à divers usiniers, pour indemnités locatives, une somme de 190.000 fr., dont la moitié a été à la charge de l'État. Les usines de la rive droite ont été supprimées. Les terrains et bâtiments qui y étaient affectés sont loués par les soins de la Régie des propriétés communales.
1.100.000 fr. »	2.500.000 fr. »	»	»	»	Machine élévatoire d'eau de Marne, établie de 1864 à 1869.
»	376.602 fr. 97	»	»	»	Machine élévatoire d'eau de source, établie en 1874.

DÉSIGNATION des IMMEUBLES OU ÉTABLISSEMENTS 1	SITUATION 2	CONTENANCE 3	ORIGINE de LA PROPRIÉTÉ 4	PRIX D'ACQUISITION 5
10. **Usine** de Saint-Ouen.	*Département de la Seine.* Port Saint-Ouen.	1.391 m. »	Cession à la Ville par la Compagnie générale des eaux. Traité du 11 juillet 1860.	»
11. — d'Isles-les-Meldeuses.	*Département de Seine-et-Marne.* Villers-les-Rigault, commune de Congis, rive droite de la Marne.	2 h. 33 a. »	Ventes par divers de quatorze parcelles de terrains non bâtis et d'une maison. Délibération du 21 décembre 1866, arrêté approbatif du 10 janvier 1867. Jugement d'expropriation du 6 juin 1867. Prise de possession du 1er septembre suivant.	10.470 fr. »
12. — de Trilbardou.	Commune de Trilbardou, rive droite de la Marne.	2 h. 03 a. 22 c. »	Cession de droit au bail avec promesse de vente par le sieur Levaux, acte devant Me Barizet, notaire à Claye-Souilly, le 24 mars 1864. 70.000 fr. Délibération du Conseil municipal du 27 janvier 1864, arrêté approbatif du 10 février 1864. Vente par le sieur Prailly, devant Me Mocquard, notaire à Paris, le 2 mai 1865.... 12.000 fr. Délibération du Conseil municipal du 18 février 1865, arrêté approbatif du 23 février 1865. Acquisition de la chute du moulin de Mareuil-sur-Marne (1865).	88.000 fr. » 6.000 fr. »

VALEUR APPROXIMATIVE		CONCESSION OU LOCATION			OBSERVATIONS
TERRAINS	CONSTRUCTIONS	DURÉE	ACTES	TITULAIRES	
6	7	8	9	10	11
15.000 fr. »	200.000 fr: »	»	»	»	Eau de Seine. Machine à vapeur.
10.000 fr. »	200.000 fr. »	»	»	»	Machine hydraulique mue par une chute d'eau de la Marne et élevant l'eau de cette rivière dans le canal de l'Ourcq. — Autorisée par décret du 11 avril 1866. — Construite en 1867 et 1868.
10.000 fr. »	200.000 fr. »	Précaire. (1)	Arrêté préfectoral du 21 février 1865.	Rain (Amédée).	Id. (1) Location d'une parcelle de terre. Prix : 100 fr. par an.

DÉSIGNATION des IMMEUBLES OU ÉTABLISSEMENTS 1	SITUATION 2	CONTENANCE 3	ORIGINE de LA PROPRIÉTÉ 4	PRIX D'ACQUISITION 5
				RÉSER
Réservoir 1. de Belleville.	Rue du Télégraphe (20ᵉ arrondiss.).	8.827 m. 13	»	(1)
— 2. des Buttes-Chaumont.	A l'angle du boulevard de la Vera-Cruz et de la rue de la Villette (20ᵉ arrondiss.).	16.084 m. 64	Ventes par divers, en 1854, pour un réservoir des eaux de la Somme-Soude, alors projeté.	»
— 3. de Charonne.	Rue de Bagnolet, 133 (19ᵉ arrondiss.).	4.449 m. 80	Cession par la Compagnie générale des eaux à la Ville. Traité du 11 juillet 1860.	»
—. 4. de Gentilly.	Chemin de la Princesse et lieu dit le Chaperon, à Gentilly (Seine).	3.375 m. 60	Id. Et acquisition d'un particulier, par contrat devant Mᵉ Mocquard, le 2 septembre 1862.	» /
— 5. de Ménilmontant.	Rue Saint-Fargeau (20ᵉ arrondiss.).	36.885 m. »	Ventes par divers. Délibération des 11 avril et 4 juillet 1862. Approbation préfectorale du 28 mars 1863.	372.812 fr.
— 6. de Monceau.	Rue de Constantinople (8ᵉ arrondiss.).	3.869 m. 11	Terrain communal de l'aqueduc de ceinture.	»
— 7. de Montmartre (inférieur).	Passage Cottin, 3 (18ᵉ arrondiss.).	1.657 m. 35	Cession par la Compagnie générale des eaux à la Ville. Traité du 11 juillet 1860.	»
— 8. de Montmartre (supérieur).	Rue de l'Empereur, 101 (18ᵉ arrondiss.).	235 m. 18	Id.	»

VALEUR APPROXIMATIVE		CONCESSION OU LOCATION			OBSERVATIONS
TERRAINS	CONSTRUCTIONS	DURÉE	ACTES	TITULAIRES	
6	7	8	9	10	11

VOIRS.

88.000 fr.	400.000 fr.	»	»	»	(1) Construit en 1863 sur un emplacement retranché de l'ancien cimetière de Belleville.
200.000 fr.	1.000.000 fr.	»	»	»	
67.000 fr.	175.500 fr.	»	»	»	
27.000 fr.	150.000 fr.	»	»	»	
360.000 fr.	3.600.000 fr.	»	»	»	
698.500 fr.	125.000 fr.	»	»	»	Construit en 1838 sur le terrain terminal de l'aqueduc de ceinture.
116.000 fr.	35.000 fr.	»	»	»	
12.000 fr.	10.000 fr.	»	»	»	

DÉSIGNATION des IMMEUBLES OU ÉTABLISSEMENTS 1	SITUATION 2	CONTENANCE 3	ORIGINE de LA PROPRIÉTÉ 4	PRIX D'ACQUISITION 5
9. **Réservoir** du Panthéon.	Rue de la Vieille-Estrapade, 16 (5e arrondiss.).	2.366 m. 43 (1)	Cession par l'État à la Ville de Paris. Traité du 18 août 1840.	(2)
10. — de Passy (inférieur).	Rue des Réservoirs, 4 et 6 (16e arrondiss.).	3.460 m. 90	Cession par la Compagnie générale des eaux à la Ville. Traité du 11 juillet 1860.	»
11. — de Passy (supérieur).	Rues Copernic, de Villejust et de Lauriston (16e arrondiss.).	10.947 m. »	Ventes par divers en 1856.	350.300 fr.
12. — Racine.	Rue Racine, 11 (6e arrondiss.).	1.808 m. 48	Terrain communal. Délibérations des 28 août 1835 et 14 novembre 1836.	(3)
13. — Saint-Victor.	Rue Linné, 25 (5e arrondiss.).	3.308 m. 96	Ventes par divers, suivant contrats des 8 et 9 juillet 1822.	(4)
14. — de Vaugirard (ancien Paris).	Rue de Vaugirard, 87 (6e arrondiss.).	4.142 m. 62	Cession à la Ville par l'Administration des hospices de Paris, en 1840.	(5)
15. — de Vaugirard (zone annexée).	Rue de l'Abbé-Groult, 125 (15e arrondiss.).	3.701 m. 41	Cession par la Compagnie générale des eaux à la Ville. Traité du 11 juillet 1860.	»

VALEUR APPROXIMATIVE		CONCESSION OU LOCATION			OBSERVATIONS
TERRAINS	CONSTRUCTIONS	DURÉE	ACTES	TITULAIRES	
6	7.	8	9	10	11
230.650 fr.	225.000 fr.	»	»	»	(1) Non compris la surface de la fontaine marchande et du dépôt des égouts. (2) Construit en 1841 sur un terrain dépendant du collége Henri IV.
138.500 fr.	45.000 fr.	»	»	»	Servitude : Le mur de la propriété n° 16, contigu par le fond à l'immeuble communal, est percé de quatre baies, deux au rez-de-chaussée, deux au premier étage. A 1 mètre de ce mur, sur le terrain de la Ville, est un treillage, comme trace de tour d'échelle. L'eau du toit coule partiellement sur le sol du réservoir. (Voir les titres de propriété de l'ancienne Compagnie des eaux d'Auteuil, en l'étude de M° Lamy, notaire, rue Franklin.)
500.000 fr.	300.000 fr.	»	»	»	
452.000 fr.	200.000 fr.	»	»	»	(3) Construit en 1836, sur les terrains séparés de l'hôpital de la Clinique après le percement de la rue Racine.
231.500 fr.	250.000 fr.	Précaire.	Arrêté du 5 avril 1840.	Veuve Taille-bois.	Jour de souffrance. Redevance : » fr. par an. (4) Construit en 1823.
			Arrêté du 19 avril 1870.	Servois.	Jour de souffrance. Redevance : 5 fr. par an.
			Arrêté du 19 mai 1870.	Le même.	Tuyaux de descente. Redevance : 5 fr. par an.
331.500 fr.	225.000 fr.	»	»	»	(5) Construit en 1841.
555.000 fr.	20.000 fr.	»	»	»	

DÉSIGNATION des IMMEUBLES OU ÉTABLISSEMENTS 1	SITUATION 2	CONTENANCE 3	ORIGINE de LA PROPRIÉTÉ 4	PRIX D'ACQUISITION 5

FONTAINES MARCHANDES

1. Fontaine d'Allemagne.	Rue d'Allemagne, 101 (19e arrondiss.).	129 m. 09	Cession par la Compagnie générale des eaux à la Ville. Traité du 11 juillet 1860.	»
2. — de l'Arsenal.	Rue de l'Orme (4e arrondiss.).	270 m. 98	Terrain communal détaché des greniers de réserve.	»
3. — d'Auteuil.	Rue Boileau, 12 bis (16e arrondiss.).	130 m. »	Cession par la Compagnie générale des eaux à la Ville. Traité du 11 juillet 1860.	»
4. — de Belleville.	Rue Pelleport (20e arrondiss.).	60 m. »	Id.	»
5. — Blanche.	Boulevard de Clichy, 100 (18e arrondiss.).	150 m. »	Id.	»
6. — de la Boule-Rouge.	Rue de la Boule-Rouge, 5 (9e arrondiss.).	117 m. 82	Cession par le sieur Ducommun. Acte administratif de 1838.	»
7. — Capron.	Rue Capron, 33 (18e arrondiss.).	1.030 m. 65	Cession par la Compagnie générale des eaux à la Ville. Traité du 11 juillet 1860.	»
8. — de Courcelles (ancien Paris).	Rue de Courcelles, 13 (8e arrondiss.).	175 m. 67	Cession de terrain, en 1839, par le sieur Hautoy, en échange de la fontaine de l'avenue de Marigny.	»
9. — de Courcelles-Ternes (zone annexée).	Boulevard de Courcelles, 126 (17e arrondiss.).	190 m. »	Cession par la Compagnie générale des eaux à la Ville. Traité du 11 juillet 1860.	»
10. — de Gentilly.	Boulevard d'Italie, 19 (13e arrondiss.).	179 m. 06	Id.	»

VALEUR APPROXIMATIVE		CONCESSION OU LOCATION			OBSERVATIONS
TERRAINS	CONSTRUCTIONS	DURÉE	ACTES	TITULAIRES	
6	7	8	9	10	11
OU VENTES D'EAU.					
12.000 fr.	10.000 fr.	»	»	»	
32.500 fr.	15.000 fr.	»	»	»	
3.000 fr.	4.000 fr.	»	»	»	
30 fr.	1.500 fr.	»	»	»	
15.000 fr.	10.000 fr.	»	»	»	
35.500 fr.	25.000 fr.	»	»	»	
60.000 fr.	12.000 fr.	»	»	»	
44.000 fr.	15.000 fr.	»	»	»	
19.000 fr.	3.000 fr.	»	»	»	
8.950 fr.	10.000 fr.	»	»	»	

DÉSIGNATION des IMMEUBLES OU ÉTABLISSEMENTS 1	SITUATION 2	CONTENANCE 3	ORIGINE de LA PROPRIÉTÉ 4	PRIX D'ACQUISITION 5
11. Fontaine d'Isly.	Rue d'Isly, 7 (19e arrondiss.).	114 m. »	Cession par la Compagnie générale des eaux à la Ville. Traité du 11 juillet 1860.	»
12. — de Jussieu.	Rue de Jussieu (5e arrondiss).	396 m. 25	Construction par la Ville, en 1840, sur un terrain communal.	»
13. — du Marché-Saint-Martin.	Dans le marché (3e arrondiss.)	»	»	
14. — de Montreuil.	Rue du Faubourg-Saint-Antoine (11e arrondiss.).	»	»	
15. — de Montrouge.	Rue d'Alésia, 88 (14e arrondiss.).	154 m. 50	Cession par la Compagnie générale des eaux à la Ville. Traité du 11 juillet 1860.	»
16. — du Panthéon.	Rue Clotilde (5e arrondiss.).	209 m. 92	Cession de terrain par l'État à la Ville, 1840.	»
17. — de Passy.	Rue des Réservoirs, 4 (16e arrondiss.).	»	Cession par la Compagnie générale des eaux à la Ville. Traité du 11 juillet 1860.	»
18. — de Picpus.	Boulevard Picpus, 8 (12e arrondiss.).	1.377 m. 27	Id.	»
19. — Saint-Merry.	Rue du Renard-Saint-Merry (4e arrondiss.).	»	»	»
20. — de Sèvres.	Rue de Sèvres (7e arrondiss.).	»	Cession par l'État à la Ville. Arrêté des consuls du 6 prairial an XI.	»
21. — de l'Université.	Rue de l'Université et place du Palais-Bourbon (7e arrondiss.).	»	Id.	»
22. — de Vaugirard.	Rue de l'Abbé-Groult, 125 (15e arrondiss.).	»	Cession par la Compagnie générale des eaux à la Ville. Traité du 11 juillet 1860.	»

VALEUR APPROXIMATIVE		CONCESSION OU LOCATION			OBSERVATIONS
TERRAINS	CONSTRUCTIONS	DURÉE	ACTES	TITULAIRES	
6	7	8	9	10	11
6.800 fr.	12.000 fr.	»	»	»	
40 000 fr.	1.500 fr.	»	»	»	
(1)	8.000 fr.	»	»	»	(1) Construite en 1861 sur un terrain dépendant du marché.
(2)	500 fr.	»	»	»	(2) *Construite en 1845* sur un terrain dépendant de la voie publique.
7.500 fr.	4.000 fr.	»	»	»	
20.100 fr.	1.500 fr.	»	»	»	V. Réservoir du Panthéon (page 133).
(3)	(3)	»	»	»	(3) Valeurs comprises dans l'estimation du réservoir inférieur de Passy. (V. page 133.)
13.800 fr.	12 000 fr.	»	»	»	Le terrain, à usage de marais, est loué par la Régie des propriétés communales.
(4)	1.000 fr.	»	»	»	(4) Terrain dépendant de la voie publique.
(5)	1.000 fr.	»	»	»	(5) Id.
(6)	8.000 fr.	»	»	»	(6) Id.
(7)	300 fr.	»	»	»	(7) La valeur du terrain est comprise dans l'estimation de celui du réservoir nouveau. (V. page 133.)

10

DÉSIGNATION des IMMEUBLES OU ÉTABLISSEMENTS 1	SITUATION 2	CONTENANCE 3	ORIGINE de LA PROPRIÉTÉ 4	PRIX D'ACQUISITION 5

FONTAINES

1° *Fontaines alimentées par des eaux de rivières,*

1. Fontaine de l'Arbre-Sec.	Rue Saint-Honoré, 111 (1er arrondiss.).	39 m. 45	Acte du Bureau de la Ville, 1776.	»
2. — Boucherat.	Rue de Turenne (3e arrondiss.).	13 m. 92	Id., 21 juillet 1733.	»
3. — de la Butte-des-Moulins.	Angle des rues des Moulins et des Moineaux (1er arrondiss.).	»	Id., 1700.	»
4. — Cambrai.	Place Cambrai (5e arrondiss.).	2 m. 90	»	»
5. — de Charenton.	Rue de Charenton (12e arrondiss.).	14 m. »	Convention entre la Ville et les Hospices de Paris. — Délibération du Conseil général du 10 juillet 1844. Construction autorisée par arrêté préfectoral du 23 août 1844.	»
6. — Charlemagne.	Rue Charlemagne (4e arrondiss.).	21 m. 91	Arrêté préfectoral du 19 août 1840.	»
7. — Charonne.	Rue du Faubourg-Saint-Antoine (11e arrondiss.).	18 m. 92	Acte du Bureau de la Ville, 1700.	»
8. — Colbert.	Rue Colbert, 6 (2e arrondiss.).	48 m. 60	Id., 12 juillet 1708 et 28 juillet 1713.	»
9. — Cordeliers.	Rue de l'Ecole-de-Médecine (6e arrondiss.).	11 m. 36	Id., 1717.	»

VALEUR APPROXIMATIVE		CONCESSION OU LOCATION			OBSERVATIONS
TERRAINS	CONSTRUCTIONS	DURÉE	ACTES	TITULAIRES	
6	7	8	9	10	11

PUBLIQUES.

de sources dérivées ou du canal de l'Ourcq.

15.800 fr.	8.000 fr.	»	»	»	
5.500 fr.	600 fr.	»	»	»	
(1)	100 fr.	»	»	»	(1) Terrain dépendant de la voie publique.
(2)	500 fr.	»	»	»	(2) Terrain à l'Etat, dépendant du Collége de France, dans lequel cette fontaine est enclavée.
(3)	8.000 fr.	»	»	»	(3) Terrain à l'Assistance publique, dépendant de l'hôpital des Enfants, dans lequel la fontaine est enclavée.
(4)	1.500 fr.	»	»	»	(4) Terrain dépendant du lycée Charlemagne.
3.700 fr.	2.000 fr.	»	»	»	
24.300 fr.	5.000 fr.	1 an, à partir du 1er avril 1866. (5)	Arrêté préfectoral du 26 mars 1866.	M. Taillefer.	(5) Location du premier étage. Prix : 600 fr. par an. Le rez-de-chaussée seul est loué par le service des maisons communales.
4.000 fr.	1.000 fr.	»	»	»	Cette fontaine sera démolie pour le percement du boulevard Saint-Germain.

DÉSIGNATION des IMMEUBLES OÙ ÉTABLISSEMENTS 1	SITUATION 2	CONTENANCE 3	ORIGINE de LA PROPRIÉTÉ 4	PRIX D'ACQUISITION 5
10. Fontaine Cuvier.	Rue Cuvier (5e arrondiss.).	28 m. 59	Construction au compte de la Ville, selon convention passée avec le sieur Lemaire, propriétaire, les 29 mai et 29 novembre 1839 ; arrêté préfectoral du 28 janvier 1840.	»
11. — de l'Échaudé.	Rue Vieille-du-Temple (3e arrondiss.).	10 m. 15	Acte du Bureau de la Ville, 1671.	»
12. — de l'Égyptienne.	Rue de Sèvres (7e arrondiss.).	68 m. 50	Construction par la Ville, en 1809.	»
13. — Gaillon.	Carrefour Gaillon (2e arrondiss.).	»	Ancienne fontaine d'Antin. Délibération du Conseil municipal du 13 juillet 1827. Transaction du 5 septembre suivant, entre la Ville et le sieur Viault.	»
14. — Garancière.	Rue Garancière (6e arrondiss.).	13 m. 50	Convention entre la Ville et la princesse Palatine, 1715.	»
15. — de Grenelle.	Rue de Grenelle (7e arrondiss.).	196 m. 64	Actes du Bureau de la Ville des 7 mars et 13 mai 1739.	»
16. — de la Halle-au-Blé.	Rue de Viarmes (1er arrondiss.).	9 m. 40	Colonne, reste de l'hôtel de Soissons, 1573.	»
17. — des Haudriettes.	Rue des Vieilles-Haudriettes (3e arrondiss.).	13 m. 84 dont 2 m. 92 en dehors de la voie publique.	Acte du Bureau de la Ville, 1636.	»

VALEUR APPROXIMATIVE		CONCESSION OU LOCATION			OBSERVATIONS
TERRAINS	CONSTRUCTIONS	DURÉE	ACTES	TITULAIRES	
6	7	8	9	10	11
8.000 fr. (1)	20.000 fr.	»	»	»	(1) Enclavée dans la propriété particulière formant l'angle des rues Linné et Cuvier. La valeur du terrain est calculée sur l'avantage qui résulterait pour cette propriété de la suppression de la fontaine.
(2)	1.500 fr.	»	»	»	(2) Terrain dépendant de la voie publique, à l'angle des rues Vieille-du-Temple et de Poitou.
(3)	600 fr.	»	»	»	(3) Terrain à l'Assistance publique, dépendant de l'ancien hospice des Incurables.
11.500 fr. (4)	10.000 fr.	»	»	»	(4) Enclavée dans le rez-de-chaussée de la maison formant l'angle des rues de la Michodière et de Port-Mahon.
(5)	1.000 fr.	»	»	»	(5) Terrain à l'État, dépendant des communs du Luxembourg. Servitude consentie gratuitement au profit de la Ville de Paris.
59.000 fr.	40.000 fr.	»	»	»	
(6)	(7)	»	»	»	(6) Terrain dépendant de la voie publique. (7) Monument historique.
900 fr. (8)	4.000 fr.	»	»	»	(8) Partiellement enclavée et partiellement en saillie sur la voie publique. La valeur du terrain en dedans de l'alignement est calculée d'après l'avantage que la suppression de la fontaine procurerait à la propriété contiguë.

DÉSIGNATION des IMMEUBLES OU ÉTABLISSEMENTS 1	SITUATION 2	CONTENANCE 3	ORIGINE de LA PROPRIÉTÉ 4	PRIX D'ACQUISITION 5
18. Fontaine Jarente.	Rue de Jarente (4e arrondiss.).	6 m. 45	Acte du Bureau de la Ville, 1700.	»
19. — de Mars.	Rue Saint-Dominique (7e arrondiss.).	16 m. »	Construction par la Ville, 1809.	»
20. — Maubuée.	Rue Saint-Martin (4e arrondiss.).	»	Acte du Bureau de la Ville, 2 juin 1733.	»
21. — Molière.	Rue Molière (1er arrondiss.).	44 m. 37	Acquisition de terrain et construction par la Ville, 1839.	»
22. — de la Montagne-Sainte-Geneviève.	Place de l'École-Polytechnique (5e arrondiss.).	19 m. 26	Construction par la Ville, 1840.	»
23. — du Parvis-Notre-Dame.	Place du Parvis (4e arrondiss.).	10 m. 87	Reconstruction par la Ville, 1845.	»
24. — de Poliveau.	Rue de Poliveau (13e arrondiss.).	6 m. »	Construction par la Ville, 1811.	»
25. — du Pot-de-Fer.	Rue du Pot-de-Fer (5e arrondiss.).	13 m. 05	Acte du Bureau de la Ville, 1671.	»
26. — de la Roquette.	Rue de la Roquette (11e arrondiss.).	51 m. 95	Construction par la Ville, 1839.	»

VALEUR APPROXIMATIVE		CONCESSION OU LOCATION			OBSERVATIONS
TERRAINS	CONSTRUCTIONS	DURÉE	ACTES	TITULAIRES	
6	7	8	9	10	11
1.000 fr. (1)	4.000 fr.	Temporaire et précaire. (2)	Arrêtés préfectoraux des 23 mars 1833 et 18 novembre 1845.	M. Chabert.	(1) Adossée aux deux propriétés formant le fond de l'impasse de la Poissonnerie, et entièrement en saillie sur le sol de l'impasse. La somme de 1.000 fr., portée comme valeur, est calculée en raison de l'avantage que la suppression de la fontaine procurerait aux propriétés contiguës. (2) Location du terrain à gauche de la fontaine, avec faculté d'y établir une grille en fer.
(3)	4.000 fr.	»	»	»	(3) Située au milieu d'une petite place rectangulaire en dehors de l'alignement de la rue Saint-Dominique, mais qui fait partie de la voie publique.
(4)	1.000 fr.	»	»	»	(4) Enclavée, jusqu'au deuxième étage inclusivement, dans la maison à l'angle des rues Saint-Martin et Maubuée.
28.800 fr.	15.000 fr.	»	»	»	
(5)	1.500 fr.	»	»	»	(5) Terrain dépendant de la voie publique.
(6)	500 fr.	»	»	»	(6) Terrain à l'Assistance publique, dépendant de l'Hôtel-Dieu, dans lequel la fontaine est enclavée.
(7)	1.000 fr.	»	»	»	(7) Terrain dépendant de la voie publique.
2.600 fr.	2.000 fr.	»	»	»	
7.800 fr. (8)	8.000 fr.	»	»	»	(8) Terrain communal détaché d'un ancien marché à charbons supprimé.

— 144 —

DÉSIGNATION des IMMEUBLES OU ÉTABLISSEMENTS 1	SITUATION 2	CONTENANCE 3	ORIGINE de LA PROPRIÉTÉ 4	PRIX D'ACQUISITION 5
27. Fontaine Saint-Louis.	Rue de Turenne, 11 (3ᵉ arrondiss.).	14 m. 01	Reconstruction par la Ville. Arrêté préfectoral du 6 septembre 1847.	»
28. — Saint-Séverin.	Rue Saint-Séverin, 1 (5ᵉ arrondiss.).	»	Construction par la Ville, 1844.	»
29. — Sainte-Avoye.	Rue du Temple, 58 (4ᵉ arrondiss.).	3 m. 85	Reconstruction par la Ville. Arrêté préfectoral du 18 septembre 1840.	»
30. — des Tournelles.	Angle des rues des Tournelles et Saint-Antoine (4ᵉ arrondiss.).	»	Construction par la Ville, 1809.	»
31. — du Vert-Bois.	Rue Saint-Martin, près de la rue du Vert-Bois (3ᵉ arrondiss.).	34 m. 50	Acte du Bureau de la Ville et convention avec les religieux de Saint-Martin-des-Champs, en 1712.	»

2° *Fontaines alimentées*

1. Fontaine d'Auteuil.	Place d'Auteuil (16ᵉ arrondiss.).	»	(5)	»

VALEUR APPROXIMATIVE		CONCESSION OU LOCATION			OBSERVATIONS
TERRAINS	CONSTRUCTIONS	DURÉE	ACTES	TITULAIRES	
6	7	8	9	10	11
6.700 fr. (1)	5.000 fr.	»	»	»	(1) Enclavée dans une propriété particulière. L'estimation du terrain est basée sur l'avantage que la suppression de la fontaine offrirait à cette propriété.
(2)	150 fr.	»	»	»	(2) Terrain dépendant de la voie publique.
1.550 fr. (3)	2.000 fr.	»	»	»	(3) Enclavée jusqu'à hauteur du deuxième étage dans la propriété rue du Temple. Le prix du terrain est évalué en raison de l'avantage que la suppression de la fontaine procurerait à cette propriété.
(4)	150 fr	»	»	»	(4) Terrain dépendant de la voie publique.
15.500 fr.	10.000 fr.	»	»	»	

par des sources locales.

»	»	»	»	»	(5) Les eaux alimentant cette fontaine sont recueillies dans les propriétés Laporte, rue Raffet, 2, et Pajou, rue de la Source, 8, au moyen d'une galerie et d'une citerne, d'où part une conduite traversant les propriétés Poilleux, rue de la Source, 10, et Tremblay, même rue, 12. Ces ouvrages, qui grèvent de servitude les immeubles susdésignés, ont été établis et étaient entretenus aux frais du propriétaire de l'ancienne villa de Montmorency et de la Commune d'Auteuil, au prorata du partage des produits des sources entre chacun. (A défaut des archives d'Auteuil, anéanties dans l'incendie de l'Hôtel-de-Ville

DÉSIGNATION des IMMEUBLES OU ÉTABLISSEMENTS 1	SITUATION 2	CONTENANCE 3	ORIGINE de LA PROPRIÉTÉ 4	PRIX D'ACQUISITION 5
2. Fontaine du But.	Rue de la Fontaine-du-But, carrefour Saint-Vincent (18e arrondiss.).	56 m. 40	(1)	»
			3°. *Fontaines et regards*	
1. Fontaine des Blancs-Manteaux.	Rue des Blancs-Manteaux, 10 (4e arrondiss.).	14 m. 10	Acte du Bureau de la Ville, 1730.	»
2. — de l'École-de-Médecine.	Rue de l'Ecole-de-Médecine, 21 (6e arrondiss.).	35 m. 83	(3)	»
3. — Grénéta.	Rue Saint-Denis, 228 (3e arrondiss.).	11 m. 55	Acte du Bureau de la Ville, 1700.	»
4. — des Récollets.	Rue du Faubourg-Saint-Martin, 148 *ter* (10e arrondiss.).	»	Id., 1265.	»
5. Regard Soubise.	Rue du Chaume, angle rue de Paradis (6e arrondiss.).	8 m. 80	Construction de l'hôtel Soubise, 1707.	»

VALEUR APPROXIMATIVE		CONCESSION OU LOCATION			OBSERVATIONS
TERRAINS	CONSTRUCTIONS	DURÉE	ACTES	TITULAIRES	
6	7	8	9	10	11
					en mai 1871, on doit recourir aux titres de propriété de la villa, entre les mains de la Compagnie des chemins de fer de l'Ouest.) La fontaine est sur la voie publique.
»	»	»	»	»	(1) Les sources de la fontaine du But proviennent du revers septentrional de la butte Montmartre ; elles sont recueillies dans une citerne située en partie en dehors de l'alignement et en partie dans la propriété de M. Trezel, grevée de servitude. La fontaine est sur la voie publique.

qui ne sont plus en activité.

2.800 fr.	1.000 fr.	(2)	»	»	(2) L'étage de combles est occupé par un locataire de la maison rue des Guillemites, 14, appartenant à M. Levasseur, moyennant une redevance annuelle de fr.
5.300 fr.	4.000 fr.	»	»	»	(3) Depuis la suppression de cette fontaine, opérée pour former l'entrée de l'hôpital de la Clinique (décision ministérielle du 19 août 1833), le petit pavillon restant à gauche est occupé par un agent des eaux de la Ville.
4 500 fr. (4)	500 fr.	»	»	»	(4) Enclavée dans le rez-de-chaussée et l'entresol de la maison à l'angle des rues Saint-Denis et Grénéta. Le terrain est évalué en raison de l'avantage qui résulterait de sa cession au propriétaire de la maison.
(5)	»	»	»	»	(5) Terrain à l'État, dépendant de l'hôpital militaire.
(6)	500 fr.	»	»	»	(6) Terrain à l'État, dépendant du palais des Archives. Le bâtiment sert de magasin pour le service des Eaux.

DÉSIGNATION des IMMEUBLES OU ÉTABLISSEMENTS 1	SITUATION 2	CONTENANCE 3	ORIGINE de LA PROPRIÉTÉ 4	PRIX D'ACQUISITION 5

VOIRIES DÉ

Dépotoir de la Villette.	Impasse du Dépotoir, 1 (19e arrondiss.).	35.460 m. »	Création par la Ville, sur les rives du port d'embarquement des voiries dépendant du canal de l'Ourcq, suivant ordonnance royale du 13 juin 1845. Ventes par divers, de 1818 à 1850.	(1)
Voirie de Bondy.	Commune de Bondy (Seine).	280.000 m. »	Création par la Ville, suivant ordonnance royale du 16 juillet 1817. Mise en activité en 1849. Cession de partie de forêt par le duc d'Orléans, et vente d'autres terrains par divers.	(1)

UTILISATION AGRICOLE

1° Commune

1. **Maison** (4) avec jardin clos de murs.	Chemin de halage, n° 13.	» h. 04 a. 74. 70	Terrain de l'ancienne usine de Clichy, cédée à la Ville par la Compagnie générale des eaux. — Traité du 11 juillet 1860.	»
2. **Bâtiment** et petite maison (5).	Chemin de halage, immédiatement en aval de la tête du grand égout collecteur.	» h. 02 a. 90 »	»	»
3. **Usine** élévatoire. 1° Terrain.	A l'angle de la rue Fournier et de la rue du Chemin-Vert, lieu dit la Presle.	» h. 76 a. 13.33	Adjudication devant le Tribunal civil de la Seine: 5 mars 1873. Vendeur : M. Salins de Vignières.	95.633 fr. 66
2° Bâtiments, machine à vapeur, hangar (6).	Id.	»	»	»

VALEUR APPROXIMATIVE		CONCESSION OU LOCATION			OBSERVATIONS
TERRAINS	CONSTRUCTIONS	DURÉE	ACTES	TITULAIRES	
6	7	8	9	10	11

VIDANGES.

430.000 fr.	50.000 fr. (2)	»	»	»	(1) La perte des archives dans l'incendie de l'Hôtel-de-Ville, en mai 1871, prive de tout document sur les voiries. (2) Cette somme se décompose ainsi : Bâtiments : 20.000 fr. Machines : 30.000 fr.
»	700.000 fr.	»	(3)	»	(3) L'exploitation de la voirie est dans une période de transformation complète.

DES EAUX D'ÉGOUTS.

de Clichy (Seine).

5.700 fr.	25.000 fr.	»	»	»	(4) Le rez-de-chaussée sert de bureau au service de la quatrième division; les deux étages servent de logement aux employés du service de l'assainissement.
»	100.000 fr.	»	»	»	(5) Ces constructions renferment deux locomobiles et deux pompes; en outre, le logement du chef mécanicien. Elles ont été installées en 1868 sur le chemin de halage, avec l'autorisation des ingénieurs du service de la navigation de la Seine.
80.000 fr.	»	»	»	»	
»	200.000 fr.	»	»	»	(6) Construits en 1872-1873.

DÉSIGNATION des IMMEUBLES OU ÉTABLISSEMENTS 1	SITUATION 2	CONTENANCE 3	ORIGINE de LA PROPRIÉTÉ 4	PRIX D'ACQUISITION 5
				2º *Commune*
4. Champ d'expériences.				
			Ventes diverses, suivant actes passés en 1868 devant Mᵉ J. Delapalme, notaire à Paris. Vendeurs :	»
		2 h. 02 a. 61.69		
		2 h. 05 a. 83.60	M. Colmet.	122.535 fr. 87
		» h. 09 a. 29 »	M. Labbaye.	2.787 fr.
		» h. 09 a. 29 »	M. Loisson.	2.787 fr.
		» h. 08 a. 55 »	M. Mellier.	3.000 fr.
1º Terrains.	Lieu dit les Cabœufs et le Gros-Buisson.	» h. 08 a. 55 »	M. Letourneur.	3.000 fr.
		1 h. 88 a. 69 »	M. Boursier.	56.607 fr.
2º Bâtiment (1).	Id.	» h. » a. 40 »	»	Construits par la Ville, en 1868-70, sur le terrain Boursier.
3º Hangar.	Id.	» h. » a. 50 »	»	
4º Maison (2).	Id.	» h. » a. 60 »	»	
5º Terrain isolé.	Berge de la Seine (ancienne île des Guillemettes).	»	Jugement par défaut du 12 février 1870, validé par un autre jugement en date du 1ᵉʳ avril 1873. Vendeur : M. Fabre.	9.000 fr.

VALEUR APPROXIMATIVE		CONCESSION OU LOCATION			OBSERVATIONS
TERRAINS	CONSTRUCTIONS	DURÉE	ACTES	TITULAIRES	
6	7	8	9	10	11

d'Asnières (Seine).

		3 ans, du 1er janvier 1873 au 31 décembre 1875.	Bail verbal.	Crochot.	225 fr. par an.
		Id.	Id.	Bordier.	100 fr.
		Id.	Id.	Loret.	85 fr.
		Id.	Id.	Dauvergne.	80 fr.
		Id.	Id.	Bigot.	100 fr.
		Id.	Id.	Guyot.	70 fr.
		Id.	Id.	Chaton.	70 fr.
150.000 fr.	3.000 fr.	Id.	Id.	Gasse.	55 fr.
		Id.	Id.	Fercot.	110 fr.
		3 ans, du 1er janvier 1874 au 31 décembre 1876.	Bail verbal.	Becquerelle.	35 fr.
		Id.	Id.	Crochot.	55 fr.
		Id.	Id.	Mamoz.	15 fr.
		12 ans, du 1er janvier 1873 au 31 décembre 1885.	16 novembre 1873.	Chevalier.	100 fr.
		Id.	Id.	Havard.	500 fr.
»	10.000 fr.	»	»	»	(1) Logement et bureau du conducteur.
»	1.200 fr.	»	»	»	
»	4.800 fr.	»	»	»	(2) Logement des jardiniers.
	»	»	»	»	

DÉSIGNATION des IMMEUBLES OU ÉTABLISSEMENTS 1	SITUATION 2	CONTENANCE 3	ORIGINE de LA PROPRIÉTÉ 4	PRIX D'ACQUISITION 5

ÉGOUTS

Magasins

Service du curage.	Place du Panthéon, 3, entre les rues Clotilde et d'Ulm (5ᵉ arrondiss.).	254 m. 50	Traité entre l'État et la Ville, du 18 août 1840.	»
Service des travaux.	Dépôt central, quai d'Austerlitz, 33 et 35 (13ᵉ arrondiss.).	8.782 m. »	3.244 mètres appartenaient à la Ville comme dépendance d'un ancien moulin sur la Bièvre. Le surplus a été acquis de divers propriétaires en 1861.	»
	Quai de Javel, 55 (15ᵉ arrondiss.).	2.058 m. »	Vente par divers, en 1860.	»
	Rue des Marguerites, 1 bis, près du quai de Javel (15ᵉ arrondiss.)	3.102 m. 50	Id.	»

VALEUR APPROXIMATIVE		CONCESSION OU LOCATION			OBSERVATIONS
TERRAINS	CONSTRUCTIONS	DURÉE	ACTES	TITULAIRES	
6	7	8	9	10	11
					PUBLICS.
					et Dépôts.
12 000 fr	15.000 fr.	»	»	»	V. Réservoir du Panthéon, page 133. Dépôt du matériel, logement du gardien, atelier de menuisiers, bureaux.
800.000 fr.	50.000 fr.	»	»	»	Dépôt de fontes.
72.000 fr.	20.000 fr.	»	»	»	Dépôt de granit.
50.000 fr.	25.000 fr.	»	»	»	Dépôt de locomobiles et de pompes.

RENSEIGNEMENTS SUPPLÉMENTAIRES

DÉRIVATION DES SOURCES DE LA DHUYS

Cette opération a été faite en vertu des délibérations du Conseil municipal de Paris, en date des 12 janvier 1855, 18 mars 1859 et 18 mai 1860, et d'un décret impérial déclaratif d'utilité publique, en date du 4 mars 1862.

DÉRIVATION DES SOURCES DE LA VALLÉE DE LA VANNE

Résumé statistique (*sous réserve des modifications résultant de ventes d'immeubles, de baux nouveaux et de variantes des tracés d'aqueducs*) :

I. — IMMEUBLES, EN DEHORS DES AQUEDUCS.

Départements.	Contenance.	Prix d'acquisition.	Valeur approximative.		Produit des locations.
			Terrains.	Constructions.	
	h. a. c.	fr. c.	fr.	fr.	fr. c.
Aube.........	4 54 41	822 586	143 000	65 000	4 450
Yonne	266 30 19	3 425 941 75	275 675	730 000	51 599 90
Totaux...	270 84 60	4 248 527 75	418 675	795 000	56 049 90

II. — AQUEDUCS PRINCIPAUX ET SECONDAIRES.

Départements.	Contenance.	Prix d'acquisition.
	h. a. c.	fr. c.
Aube............................	6 59 11	48 522 08
Yonne...........................	133 50 86	832 271 01
Seine-et-Marne..................	60 49 54	425 085 62
Seine-et-Oise...................	64 13 22	658 644 66
Seine...........................	10 47 24	206 700
Totaux..........	275 19 97	2 171 223 37

III. — ENSEMBLE DES IMMEUBLES ET DES AQUEDUCS.

	Contenance.	Prix d'acquisition.
	h. a. c.	fr. c.
Immeubles.......................	270 84 60	4 248 527 75
Aqueducs.......................	275 19 97	2 171 223 37
Totaux	546 04 57	6 419 751 12

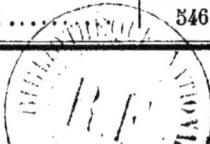

TABLE PAR ORDRE DES MATIÈRES

TABLE CHRONOLOGIQUE

TABLE ANALYTIQUE

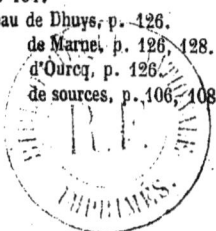

Paris. — Imprimerie Gauthier-Villars, 55, quai des Grands-Augustins.

www.ingramcontent.com/pod-product-compliance
Lightning Source LLC
Chambersburg PA
CBHW052355090426

42739CB00011B/2380